101

Perguntas e Respostas para Investidores Iniciantes

TIAGO REIS & FELIPE TADEWALD

101

Perguntas e Respostas para Investidores Iniciantes

São Paulo | 2020

SUMÁRIO

A MISSÃO DA SUNO RESEARCH [13]

PREFÁCIO, por Tiago Reis [16]

PRIMEIROS PASSOS [19]

1) Por onde começar a investir na Bolsa? [19]

2) Quanto tempo é longo prazo? [19]

3) Vale a pena pegar empréstimo consignado para investir na Bolsa? [21]

4) Uma meta de 15% ao ano de rentabilidade é possível? [21]

5) Qual o valor mínimo para investir em ações? [22]

6) Comprar R$ 1 mil por mês ou R$ 3 mil a cada três meses? [23]

7) Devo investir em ações ou fundos imobiliários? [24]

8) Como migrar da renda fixa para renda variável de forma conservadora? [25]

9) Como seria reinvestir os dividendos? Comprando ações da mesma empresa que os pagou? [25]

10) É recomendável ter conta em mais de uma corretora? [26]

O MERCADO DE CAPITAIS [28]

11) Qual o maior mito da Bolsa? [28]

12) Qual o maior mito sobre *Valuation*? [28]

13) Independente de preço, quais as melhores
empresas negociadas na Bolsa? [29]

14) Como funciona o cálculo do Ibovespa? [29]

15) Faz diferença morar em São Paulo para investidores? [30]

16) O que o Brasil precisa ter para chegar
aos cinco milhões de investidores na Bolsa? [30]

FORMAÇÃO E ACOMPANHAMENTO DA CARTEIRA [33]

17) Com pouco capital, devo fazer compras mensais
no fracionário ou juntar capital para comprar
um lote de 100 ações? [33]

18) Em quantos papéis devo concentrar
as compras mensais? [34]

19) É possível formar uma carteira de longo prazo
comprando apenas ações preferenciais? [35]

20) Para quem está começando, vale diversificar
em quantas ações? [36]

21) Seis ativos em uma carteira é uma boa quantidade? [37]

22) Quantos ativos de um mesmo setor
devo ter em minha carteira? [38]

23) Em uma carteira de onze ativos,
é um erro ter cinco papéis do mesmo setor? [38]

24) Existe uma composição ideal de renda fixa
e variável para compor uma carteira? [39]

25) Qual percentual vocês gostam de ter
em renda fixa e renda variável? [40]

26) Em qual investimento devo deixar
meu fundo de emergência? [41]

27) De quanto em quanto tempo devo rever
as ações da minha carteira? [42]

28) Uma empresa boa pode se deteriorar? [43]

FUNDOS IMOBILIÁRIOS [45]

29) O que são fundos imobiliários? [45]

30) É possível criar uma carteira previdenciária
somente com fundos imobiliários? [46]

31) Fundos imobiliários de papel, que investem em
recebíveis, têm espaço numa carteira previdenciária? [48]

32) Qual é o segmento de fundos imobiliários mais atraente? [49]

33) Quais indicadores avaliar para escolher
um fundo imobiliário? [51]

AÇÕES [54]

34) O que pode ser feito para diminuir o risco
de investir em ações? [54]

35) Vocês acreditam que ações protegem
o investidor da inflação? [55]

36) Como lucrarei com uma ação, se eu não a vender? [56]

37) Quando vender uma ação? [58]

38) Compensa comprar ações de empresas consolidadas, como Ambev e Itaú? [59]

39) É melhor investir em empresas em franco crescimento ou em empresas maduras? [59]

40) O desdobramento de ações gera oportunidades de compras? [60]

41) Devo comprar ações no fracionário? [61]

42) Vale a pena alugar ações? [62]

SMALL CAPS [63]

43) Qual a característica que define uma *Small Cap*? [63]

44) É interessante ter *Small Caps* na carteira? [63]

45) Investir 100% em *Small Caps* é uma boa ideia? [64]

46) *Small Caps* pagam bons dividendos? [66]

ATIVOS INTERNACIONAIS [68]

47) Como investir em ações americanas? [68]

48) IVBB11 (ETF) é uma boa forma de se expor ao dólar? [69]

49) Por que investir em Google ou Facebook, se estas empresas não pagam dividendos? [70]

50) Quem investe em BDRs recebe dividendos? [71]

51) É possível comprar BDRs no fracionário? [72]

52) Como investir em REITs? [72]

53) É melhor investir em FIIs ou em REITs? [73]

OUTRAS MODALIDADES DE INVESTIMENTOS [75]

54) Investir em debêntures incentivadas é uma boa? [75]

55) Investir em ETFs é uma boa escolha? [75]

56) O que vocês pensam sobre os fundos de ações? [78]

57) O que acham de fundos multimercado? [79]

58) Qual é a opinião de vocês sobre *Private Equity*? [79]

59) Vale a pena investir em COE? [80]

60) O que pensam sobre previdência privada? [80]

61) Por que não investir em ouro? [81]

62) Se tivessem um imóvel, alugariam ou venderiam? [82]

63) Que opinião têm sobre criptomoedas? [83]

ANÁLISE DE EMPRESAS [85]

64) Quais os principais pontos para uma boa análise de uma ação? [85]

65) Quais os filtros de qualidade para uma empresa? [87]

66) Onde encontro as informações financeiras de uma empresa? [87]

67) Os balanços das empresas são auditados? [88]

68) Como avaliar se uma empresa gera caixa? [89]

69) Como calcular o ROE de uma empresa? [90]

70) Como avaliar a gestão de um negócio? [92]

71) Vocês acreditam que seja fundamental ler relatórios de casas de análise para investir? [92]

ESTRATÉGIAS [93]

72) O que pensam sobre investir utilizando apenas o método de Décio Bazin? [93]

73) O que acham da Fórmula Mágica de Joel Greenblatt? [94]

74) Vocês acreditam em análise técnica? [94]

75) Qual é a opinião de vocês sobre *Day Trade*? [95]

76) Vocês usam *Stop Loss* ou *Stop Gain* em suas ordens? [96]

77) Vocês operam *Short* (vendido)? [97]

78) Vocês acreditam na técnica do *Long-Short*? [98]

79) Vocês fazem *Hedge* das suas carteiras com derivativos? [98]

80) O que vocês pensam sobre a estratégia de comprar ações com desconto usando opções? [99]

81) Qual é a opinião de vocês sobre *Covered Call*? [99]

INSTRUÇÃO FORMAL E INFORMAL [101]

82) Vocês tiveram mentores? [101]

83) Para o investidor, seria bom ter alguma certificação (como CPA)? [101]

84) Fazer um MBA no exterior vale a pena? [101]

85) Quais os melhores filmes sobre investimentos? [102]

86) Quais livros indicam para quem está começando? [105]

87) É preciso ter conhecimento técnico para compreender a série Guia Suno? [106]

88) O que vocês pensam sobre o escritor Nassim Nicholas Taleb? [107]

89) De qual autor vocês recomendam ler todas as obras? [107]

90) Quais fontes de informação vocês consomem? [108]

91) Tiago, qual seu maior erro? E o que aprendeu com ele? [108]

IDADE E CARREIRA **[110]**

92) Qual conselho vocês dariam para um universitário que queira seguir carreira no mercado financeiro? [110]

93) A profissão de analista ainda é promissora? [110]

94) O que fariam se tivessem 18 anos de idade? [111]

95) Tenho 23 anos. O que vocês acham de investir 100% em ações? [111]

96) Qual conselho dariam para alguém de 31 anos pensando em investir? [112]

97) É muito tarde para começar a investir com 46 anos de idade? [113]

98) Com qual idade vocês pretendem começar a realizar vendas de suas ações? [113]

99) Podem dar uma dica para gerar renda extra? [115]

INDEPENDÊNCIA FINANCEIRA [117]

100) Como acelerar a liberdade financeira? [117]

101) Afinal de contas, viver de dividendos é possível, mesmo para quem não é rico? [118]

POSFÁCIO, por Felipe Tadewald [121]

GLOSSÁRIO [126]

A MISSÃO DA SUNO RESEARCH

A cada geração, uma parte da humanidade se compromete a deixar o mundo um lugar melhor do que encontrou. Esse contingente populacional acredita que, para tanto, é preciso investir em inovações.

Foram as inovações promovidas pela humanidade, ora confundidas com descobertas, ora confundidas com invenções, que nos tiraram da Idade da Pedra e nos colocaram no olho do furacão da Era Digital.

Nos últimos séculos, quase todas as inovações científicas e tecnológicas foram difundidas pelas instituições empresariais, sejam elas privadas ou públicas, sejam elas visando lucros ou não.

Grande parte das empresas que promoveram inovações recorreu ao mercado de capitais para obter financiamentos para os seus projetos. Essa premissa continua válida.

Os países onde os mercados de capitais são mais desenvolvidos concentram também as empresas mais inovadoras do planeta. Nos Estados Unidos, milhões de pessoas investem suas economias nas Bolsas de Valores.

Grande parte dos norte-americanos obtém a independência financeira, ou o planejamento da aposentadoria, associando-se com grandes empresas que movimentam a economia global.

São bombeiros, advogados, professoras, dentistas, zeladores, ou seja, profissionais dos mais diversos tipos que se convertem em investidores, atraindo empreendedores de várias origens, que encontram dificuldades de empreender em sua terra natal.

No Brasil, o mercado de capitais ainda é muito pequeno perto de sua capacidade plena. Apenas um por cento da população brasileira economicamente ativa investe por meio da Bolsa de Valores de São Paulo.

A missão da Suno Research é justamente promover a educação financeira de milhares de pequenos e médios investidores em potencial.

Como casa independente de pesquisas em investimentos de renda variável, a Suno quer demonstrar que os brasileiros podem se libertar do sistema público de previdência, fazendo investimentos inteligentes no mercado financeiro.

O brasileiro também pode financiar a inovação, gerando divisas para seu país e se beneficiando dos avanços promovidos pela parceria entre investidores e empreendedores.

O investidor brasileiro em potencial ainda tem receio de operar em Bolsa. Vários são os mitos sobre o mercado de capitais, visto como um ambiente restrito aos especialistas e aos mais endinheirados.

A facilidade para realizar aplicações bancárias – embora pouco rentáveis – e os conflitos de interesse de parte das corretoras de valores, que fornecem análises tendenciosas de investimento visando comissões com transações em excesso, são fatores que também distanciam muita gente do mercado financeiro nacional.

Como agravante, a Suno tem em seu segmento de atuação empresas que fazem um jogo publicitário pesado, oferecendo promessas de enriquecimento que não se comprovam na realidade. Não existe enriquecimento rápido; tal possibilidade ocorre no longo prazo.

Por meio de seus artigos, análises de empresas e fundos imobiliários, vídeos, cursos e agora também livros, a Suno vem para iluminar a relação do brasileiro com o mercado de capitais, que, se não tem a solução para todos os problemas, é parte do esforço da humanidade para deixar este mundo melhor, por meio de investimentos em valores monetários, morais e éticos.

PREFÁCIO

Uma abordagem educativa para o investidor no longo prazo

Por Tiago Reis

Esta obra busca reunir as perguntas que recebemos diariamente através das redes sociais. Desde julho de 2018, mantenho um programa de perguntas e respostas através da função *Stories* do Instagram.

Recebo centenas de perguntas diariamente no meu Instagram pessoal (@tiagogreis) e acabo selecionando dez para serem respondidas. Paralelamente faço mais cinco respostas aos questionamentos feitos pelos internautas no perfil oficial da Suno Research (@sunoresearch).

Desta forma, respondemos a cerca de quinze perguntas quase todos os dias. Tudo isso de maneira gratuita.

Porém, a funcionalidade *Stories* tem uma característica: as publicações se dissipam em 24 horas, fazendo com que o material que produzimos de perguntas e respostas seja perdido de maneira permanente na Internet.

Esta obra vem justamente para solucionar este problema: dar um caráter definitivo e eterno para o que se perderia naturalmente.

Tenho enorme prazer de responder e interagir com investidores de todos os níveis, e vou continuar respondendo a dúvidas enquanto a saúde me permitir.

Essa abordagem educativa faz parte do perfil da Suno Research e antagoniza com outras empresas de nosso segmento que têm uma abordagem mercadológica desenhada para atiçar ganância e medo nos investidores, geralmente associados com uma promessa de ganho que acreditamos não ser possível.

Desde nossa fundação, sempre buscamos ser o contrário do que vemos em nosso segmento. Não porque queremos ser do contra. Mas porque as práticas que vemos são condenáveis ética e legalmente.

Acreditamos que uma abordagem educativa, como a que pregamos, seja melhor para o investidor no longo prazo. Decisões de investimento estimuladas por ganância e medo geralmente não serão decisões acertadas. Investir é difícil, e é preciso ser racional na decisão de alocar capital.

Responder a perguntas e interagir com investidores não é uma estratégia mercadológica, é algo que fazemos por prazer. Obviamente, isso pode ter consequências comerciais positivas, mas não é este nosso objetivo. Nosso objetivo é educar. Tanto que eu, Felipe Tadewald, que escreve junto comigo esta obra, e o professor Baroni, nosso especialista em fundos imobiliários, já fazíamos o que fazemos hoje bem antes de a Suno existir.

As perguntas a que responderemos a seguir em alguns casos representam consensos da indústria. Em outros, representam a nossa opinião sobre um determinado tema.

Nós não ficamos em cima do muro e respondemos sem enrolação, mas sempre baseados em evidências e na experiência de mais de 15 anos de mercado.

Esta obra é direcionada ao investidor iniciante, aquele que dá os seus primeiros passos no investimento em renda variável. A esses investidores, recomendo ler cada uma das perguntas e respostas. Com certeza, ao final da leitura desta obra estarão mais preparados para se tornarem investidores de sucesso.

Uma sugestão para tornar a leitura mais agradável é ler algumas perguntas e respostas todos os dias. Não tente ler tudo de uma vez.

Desse modo, a tendência é que consiga se concentrar melhor e absorver melhor o conteúdo, além de tornar a leitura mais interessante.

Se você é um investidor experiente e quer saber nossa opinião sobre um determinado tema, leia a pergunta e veja se se identifica com ela. Caso já tenha mentalmente a resposta para a pergunta, passe para a próxima.

Desta forma, irá acelerar sua leitura e focar no que realmente lhe importa.

Seguem as 101 perguntas e respostas que consideramos fundamentais para todos os investidores, sobretudo os iniciantes, e que esperamos que contribuam de forma bastante positiva para o desenvolvimento de todos como investidores de longo prazo.

PRIMEIROS PASSOS

1) Por onde começar a investir na Bolsa?

Primeiramente, pague suas dívidas. Os juros cobrados no Brasil são tão altos que dificilmente você conseguirá, com suas aplicações, o mesmo rendimento desses juros.

Feito isso, sua obrigação deveria ser poupar recursos financeiros todos os meses. Faça um controle financeiro rígido. Se precisar de uma planilha para esse controle, utilize-a.

Com recursos sobrando todos os meses, você deve abrir uma conta em uma corretora. Existem dezenas de corretoras, algumas independentes e outras ligadas a bancos.

O que buscaríamos em uma corretora é:

- Que ela seja lucrativa.
- Que tenha uma prateleira de produtos ampla e produtos de qualidade.
- Que possua as certificações da B3.
- Que cobre um preço competitivo de corretagem.
- Que ofereça uma plataforma tecnológica estável e uma qualidade elevada de serviço.

Aberta a conta na corretora, você pode enviar dinheiro do seu banco para ela e começar a investir em ações. Para adquirir ações, basta acionar o *Home Broker* e começar.

2) Quanto tempo é longo prazo?

É uma questão subjetiva. Para nós, o investimento de longo prazo é aquele em que você não vai precisar dos recursos no curto prazo, nem tão cedo.

Mas daremos algum número para termos uma noção mais específica e clara: se o investidor tiver necessidade do dinheiro dentro dos próximos três anos, é melhor nem investir na Bolsa. Nesse caso, o ideal é que busque outros ativos que possuem maior previsibilidade, como ativos de renda fixa, por exemplo.

Agora, quando o investidor não precisa dos recursos no curto prazo, a Bolsa (e a renda variável em geral) representa uma excelente alternativa, que tende a apresentar um desempenho muito acima de qualquer investimento de renda fixa.

Portanto, a sugestão que damos é que o investidor direcione para a renda variável, preferencialmente, aquele dinheiro de que ele não precisará no curto prazo, e que esteja disposto a deixá-lo lá pelo maior tempo possível.

Observe o caso de Luiz Barsi, que investe há meio século na Bolsa. Ele investe de olho nos dividendos e, no longo prazo, a ideia dele nunca foi vender suas ações, ou resgatar aqueles recursos, mas, sim, acumular o maior número de ativos para poder um dia viver apenas de seus dividendos.

Em algum momento, os dividendos recebidos por Barsi se tornaram tão elevados que, de acordo com ele próprio, nem mesmo alguém que gaste muito conseguiria despender todos aqueles recursos que jorram com frequência na sua conta.

Essa é a filosofia e a forma como todo investidor deveria visualizar a Bolsa de Valores: como um ambiente em que se investem recursos para o longo prazo, talvez décadas, com o intuito de um dia viver apenas de seus rendimentos.

3) Vale a pena pegar empréstimo consignado para investir na Bolsa?

Não! No momento em que este livro foi publicado, as taxas de empréstimo consignado estavam sendo oferecidas aos clientes por algo próximo de 2% ao mês. O que representa um empréstimo de 27% ao ano.

Para ter lucro nesse empréstimo você precisa ter uma rentabilidade de 27% ao ano, após impostos. Nenhum investidor consegue manter essa taxa de retorno de maneira consistente.

Portanto, se você tomar empréstimo para investir, ao longo do tempo a sua dívida vai crescer mais rápido que seu patrimônio e, desta forma, você estará regredindo em termos financeiros.

Não é isso que desejamos, certo? Portanto, você só deve investir o dinheiro que sobra das suas economias, nunca dinheiro de dívida.

4) Uma meta de 15% ao ano de rentabilidade é possível?

Não é tão simples obter uma rentabilidade como essa, porém é, sim, possível no longo prazo.

Se considerarmos que historicamente o Ibovespa entregou um retorno próximo de 7% ao ano acima da inflação (de acordo com estudo da Consultoria Economatica), e o Ibovespa evidentemente possui e já possuiu muitas empresas problemáticas em sua composição, e ainda assim entregou esse retorno, é bem plausível que uma carteira formada apenas por ótimas empresas e com bons fundos imobiliários tenda a entregar um retorno bem superior no longo prazo.

De qualquer forma, o ideal é não criar uma expectativa tão elevada. A nossa sugestão é que você tome como cenário de base para seu retorno alvo algo próximo dos 7% acima da inflação, que está mais em linha com o desempenho histórico tanto do Ibovespa, quanto dos mercados globais.

Evidentemente, é bem provável que você, ao formatar uma carteira com ativos sólidos e que performam acima da média, reinvestindo os dividendos de maneira recorrente, obtenha uma rentabilidade superior a essa. Porém, ter uma expectativa mais conservadora é mais prudente neste sentido, até para não acabar se decepcionando.

5) Qual o valor mínimo para investir em ações?

Não existe valor mínimo, no sentido de que não existe uma lei ou regulação que imponha um valor mínimo para você investir.

Primeiramente, antes de pensar em investir é importante que você tenha quitado suas principais dívidas onerosas. A partir daí, você pode começar a pensar em investir.

Qual o valor indicado? Nós incentivamos você a começar com pelo menos R$ 1 mil. Por quê? As corretagens cobradas no *Home Broker* das principais corretoras giram na casa dos R$ 20. Dessa forma, os R$ 20 representam 2% dos R$ 1 mil.

Se você investir menos que R$ 1 mil, a corretagem irá representar mais de 2%, e este é um percentual máximo que recomendamos para que você pague em corretagem. Sendo mais do que isso, o valor da corretagem começa a impactar significativamente no desenvolvimento da sua carteira.

É importante lembrar que, no momento da publicação deste livro, está começando a surgir um movimento liderado por algumas corretoras que isentam seus clientes de corretagem, o que pode abrir um espaço para que investidores que possuem menos de R$ 1 mil comecem a investir sem o impacto da corretagem elevada.

Só é importante que você tenha consciência de que as corretoras vivem de receitas, e elas tentarão compensar essa isenção da taxa de corretagem com outros serviços. Você deve tomar muito cuidado para não pagar caro por outros produtos oferecidos pela corretora.

6) Comprar R$ 1 mil por mês ou R$ 3 mil a cada três meses?

Duas coisas que você precisa levar em consideração. A primeira é o custo de corretagem.

Como os custos de corretagem nos *Home Brokers* são fixos, geralmente oscilando entre R$ 10,00 e R$ 20,00 nas principais corretoras, o ideal é você diluir esse custo de transação no maior volume possível de investimento.

Por esse ponto de vista, o ideal seria juntar R$ 3 mil e investir tudo de uma vez, de modo a diluir os custos de corretagem em uma base maior de investimento.

Por outro lado, durante um espaço de três meses, podem surgir muitas oportunidades. E esperar três meses pode fazer com que você deixe de aproveitá-las.

A solução para essa situação ambígua é você procurar corretoras de baixo custo.

Existe uma tendência, que acreditamos que veio para ficar: a corretagem zero. Você pode negociar ações e fundos imobiliários sem pagar corretagem.

O que sugerimos é, portanto, que você invista R$ 1 mil por mês.

Mas faça isso através de uma corretora que tenha taxa de negociação zerada. Desta forma, a corretagem não impactará nos seus aportes.

7) Devo investir em ações ou fundos imobiliários?

Ao longo do tempo, acreditamos que você deva investir nos dois. Posto isso, se você é um investidor iniciante, recomendamos que comece os seus investimentos pelos fundos imobiliários. Por quê?

Fundos imobiliários possuem algumas características que, na nossa opinião, se alinham com os interesses do investidor novato. A primeira delas é que esses fundos têm uma volatilidade inferior às ações: para quem está iniciando é melhor começar por um investimento menos volátil até se acostumar.

Outro ponto que destacamos nos fundos imobiliários é a geração de renda mensal: a grande maioria dos fundos paga dividendos todos os meses aos seus cotistas. Essa característica ajudará o investidor iniciante a entender melhor como funciona o mercado de renda variável.

Agora, se você não é mais um investidor iniciante, nossa recomendação é que foque nas melhores oportunidades. Não se limite a apenas uma classe de ativos. Às vezes é um momento mais favorável para investir em ações. Em outro momento, pode ser que os fundos imobiliários estejam mais favoráveis.

Como decidir? Fazer contas e ver quais ativos estão mais atrativos. Esse processo de precificação de ativos se chama *Valuation*. Explicamos-mais sobre *Valuation* neste curso gratuito que preparamos:

https://www.sunoresearch.com.br/minicursos/valuation/

Se você não quer fazer conta de *Valuation*, estamos sempre passando nossa visão aos nossos assinantes da Suno a respeito de qual classe de ativos está mais favorável.

8) Como migrar da renda fixa para renda variável de forma conservadora?

Essa é uma boa pergunta, que interessa a muitos investidores que cogitam fazer essa migração, mas ainda têm receio, especialmente pelo medo de estar fazendo um negócio pouco atrativo, além da própria volatilidade das ações.

Nossa sugestão é que essa migração seja feita de forma gradual, aos poucos, mês a mês, retirando parte dos seus recursos da renda fixa e direcionando-os para a renda variável.

Além disso, é interessante que a maior parte dos recursos do investidor inicialmente direcionados para renda variável sejam utilizados para comprar FIIs. Apesar de também serem ativos de renda variável, estão lastreados em imóveis (investimento com o qual a maioria dos brasileiros já está familiarizada), são muito menos voláteis e ainda assim entregam bons retornos.

Conforme o investidor se habitue à volatilidade da Bolsa e se sinta confortável, aprendendo e estudando mais sobre o mercado de renda variável, então começa a fazer sentido também direcionar os aportes a ações, de forma a criar uma parcela representativa desses ativos na sua carteira no longo prazo e, assim, obter rentabilidades diferenciadas para receber dividendos.

9) Como seria reinvestir os dividendos? Comprando ações da mesma empresa que os pagou?

Investimos os dividendos recebidos naquela que julgamos ser a melhor oportunidade em um determinado momento. Apenas como exemplo: se recebemos dividendos das ações da Itaúsa e consideramos que é melhor aplicar em ações do Bradesco, compraremos ações do Bradesco com os dividendos de Itaúsa.

Obviamente, avaliar qual a melhor oportunidade do momento é uma questão pessoal e certamente dois investidores diferentes podem chegar a conclusões diferentes. Existe espaço para subjetividade ao analisar ações.

Pode ser que não existam oportunidades de investimentos no momento do recebimento dos dividendos. Neste caso, mantemos esse capital em renda fixa até que surjam oportunidades. E as oportunidades não demoram a surgir. Nunca ficamos mais que três meses sem alocar capital em renda variável.

10) É recomendável ter conta em mais de uma corretora?

Sim, é interessante, especialmente se considerarmos que algumas corretoras oferecem serviços e alguns produtos distintos uma das outras, tendo algumas facilidades e vantagens para determinados tipos de investimentos e que geram atratividade para alguns perfis de investidor.

Por exemplo, por mais que nós sempre incentivemos os investidores a terem a maior parcela de seu capital em renda variável, manter uma parcela, ainda que pequena, em renda fixa, faz total sentido.

Além disso, alguns investidores ainda se sentem mais seguros tendo a maior parcela de seus recursos em renda fixa. E, dentro dessa classe de ativos, é interessante buscar opções mais rentáveis, por meio de instrumentos mais sofisticados, como debêntures, CRIs ou mesmo CDBs e LCIs.

Neste caso, há corretoras que possuem plataformas especializadas em renda fixa, com um portfólio de produtos bastante robusto, com inúmeras opções disponíveis, permitindo ao investidor ter acesso a produtos diferenciados em renda fixa e com taxas mais atrativas.

Já outras corretoras oferecem taxas mais atrativas para renda variável, com algumas delas inclusive isentando fundos imobiliários de taxas ou cobrando taxas bem menores para ações. Essas corretoras são interessantes para investidores que possuem maior parcela do portfólio em renda variável e, especialmente, para aqueles que estão iniciando, com volumes financeiros menores, para os quais sabemos que as taxas fazem uma grande diferença na rentabilidade.

De modo geral, nossa sugestão é que o investidor tenha conta em pelo menos duas corretoras, nas quais ele se sinta bem atendido, que ofereçam taxas atrativas e produtos financeiros adequados ao seu perfil.

Hoje em dia, o processo de abertura de conta em uma corretora é bastante fácil e, muitas vezes, pode ser feito totalmente *online*. Tornou-se algo totalmente prático e simples, que certamente não demandará muito tempo do investidor.

Cabe lembrar que é importante, antes de abrir a conta em uma corretora, avaliar a saúde financeira e solidez daquela instituição. Essas informações podem ser obtidas no *site* do Banco Central.

O MERCADO DE CAPITAIS

11) Qual o maior mito da Bolsa?

O maior mito da Bolsa é o da riqueza rápida e fácil. Esse mito tem origem nos filmes de Wall Street, que insistem na narrativa de que para ganhar investindo em ações é necessário ter uma abordagem de curto prazo, muitas vezes aplicando golpes. Isso não poderia estar mais distante da verdade.

As grandes fortunas da Bolsa pertencem aos "senhores de cabelos brancos", que investem há décadas em ações de boas empresas com uma abordagem de longo prazo.

Obviamente, a história de um investidor como Warren Buffett não rende um filme tão bom quanto *O Lobo de Wall Street*, mas sua abordagem de investimento é a vencedora.

12) Qual o maior mito sobre *Valuation*?

O maior mito sobre *Valuation* é considerá-lo uma ciência. *Valuation* envolve números, sim. Mas esses números são fruto de premissas utilizadas pelo investidor ou analista. E essas premissas são resultado de uma análise que envolve inúmeros fatores subjetivos e opinativos.

Não é raro dois investidores experientes terem opiniões divergentes sobre um mesmo ativo. Por que isso ocorre? Cada um usa suas premissas, que são diferentes.

Portanto, existem muito mais aspectos subjetivos do que objetivos quando se trata de *Valuation*.

13) Independente de preço, quais as melhores empresas negociadas na Bolsa?

Excelente pergunta. Para nós, um bom critério para avaliar a qualidade dos ativos e da gestão de uma empresa é a rentabilidade daquele negócio. Um dos indicadores de rentabilidade que utilizamos (não é o único indicador) é o retorno sobre patrimônio líquido, chamado de ROE (do inglês *Return On Equity*).

No momento em que este livro foi publicado, algumas empresas de rentabilidade elevada que nos atraíam eram: Itaú, Bradesco, OdontoPrev, WEG, Vale, Ambev, Taesa, Hapvida, Notredame, Localiza, M Dias Branco, Eztec, IRB, Porto Seguro, BB Seguridade e Link Certificação Digital.

Obviamente, essas não são as únicas empresas. Existem outras empresas boas. Inclusive, recomendamos que o investidor possua uma lista das empresas pelas quais ele se interessa para acompanhar, pois não é raro surgirem oportunidades de entrada. Afinal, o mercado brasileiro é muito volátil.

É importante frisar que não recomendamos sair comprando essas empresas sem antes fazer uma avaliação de preço delas. Não é porque a empresa é bem gerida que será um bom negócio: se você pagar caro, pode ser inclusive um mau negócio.

14) Como funciona o cálculo do Ibovespa?

Conforme o *site* da B3, visitado em janeiro de 2020 (http://www.b3.com.br/pt_br/market-data-e-indices/indices/indices-amplos/ibovespa.htm):

"O Ibovespa é o principal indicador de desempenho das ações negociadas na B3 e reúne as empresas mais importantes do mercado de capitais brasileiro. Foi criado em 1968 e, ao longo desses 50

anos, consolidou-se como referência para investidores ao redor do mundo.

Reavaliado a cada quatro meses, o índice é resultado de uma carteira teórica de ativos. É composto pelas ações e units de companhias listadas na B3 que atendem aos critérios descritos na sua metodologia, correspondendo a cerca de 80% do número de negócios e do volume financeiro do nosso mercado de capitais."

A metodologia é bastante técnica e pode ser encontrada no *site* da B3. Basicamente, consiste em criar uma carteira teórica que dá um peso maior para as empresas de maior valor de mercado e mais líquidas.

15) Faz diferença morar em São Paulo para investidores?

Não. No passado fazia diferença. A informação circulava mais em São Paulo e no Rio de Janeiro do que em outras regiões.

Hoje em dia, com o avanço da Internet, a informação está disponível a todos que têm acesso à rede *online*. As próprias empresas têm transmitido seus eventos pela Internet.

Um dos melhores gestores de fundos de ações do Brasil é de Londrina, no interior do Paraná. Portanto, não é preciso ser de São Paulo para ser investidor de sucesso.

16) O que o Brasil precisa ter para chegar aos cinco milhões de investidores na Bolsa?

No momento em que este livro foi publicado, éramos cerca de 1,7 milhão de CPFs cadastrados na Bolsa de São Paulo, conforme consulta ao *site* da B3 em janeiro de 2020 (http://www.b3.com.br/pt_br/market-data-e-indices/servicos-de-dados/market-data/consultas/mercado-a-vista/historico-pessoas-fisicas/).

Aumentar o número de investidores na Bolsa de Valores e possibilitar que cada vez mais pessoas físicas tenham acesso a este mercado – e estruturem uma sólida carteira previdenciária para o longo prazo – é um sonho nosso, e vemos que estamos no caminho certo. Porém, os desafios são grandes.

São vários os fatores que contribuem para o baixo número de investidores na Bolsa. Por exemplo, no Brasil, a educação financeira é muito pouco difundida, e podemos dizer que a maior parte da população é verdadeiramente "treinada" para consumir e gastar, mas não para poupar e investir.

A maioria das pessoas também não tem um bom controle financeiro, e gasta mais do que ganha, contraindo dívidas e se colocando em situações bastante delicadas, nas quais poupar realmente se torna uma tarefa quase impossível.

Se olharmos para os dados, eles confirmam essa falta de educação financeira, e estudos mostram que menos de 10% dos brasileiros fazem algum tipo de poupança para a aposentadoria.

É realmente muito difícil ver alguém poupando. Mesmo aqueles que poupam, geralmente poupam para consumir posteriormente, ou poupam para a aposentadoria de uma forma equivocada, utilizando ferramentas e instrumentos pouco eficientes, como fundos de investimentos caros, ou mesmo a caderneta de poupança, que hoje concentra a maior parte dos recursos dos brasileiros.

Então, pode-se dizer que a falta de educação financeira é um dos pontos mais importantes. A tendência é que o número de brasileiros investidores se eleve, conforme a educação financeira for propagada, especialmente por meio de veículos independentes (canais no YouTube, fóruns, *sites*, casas de análise), e a população for se conscientizando da importância de investir e depender menos do INSS, tendo em mente que se pode ter um futuro confortável recebendo dividendos e rendimentos de participações em empreendimentos.

Além disso, outros pontos importantes dizem respeito aos mitos que envolvem a Bolsa de Valores, e também à própria volatilidade da economia brasileira e aos níveis de emprego.

No caso do primeiro ponto, infelizmente vemos até hoje a mídia, por meio de jornais e *websites*, afirmando que a Bolsa de Valores é bastante arriscada, sempre enfatizando a grande volatilidade e as crises. Além dos próprios gerentes de bancos, que normalmente pouco conhecem o mercado de ações e geralmente instruem os clientes a ficarem de fora desse mercado.

Já em relação à economia, conforme reformas importantes sejam implementadas e a economia brasileira volte a crescer (um processo que estava em seu início no momento em que este livro foi publicado), com um maior nível de emprego, estabilidade e maior renda disponível para a população, nós vemos uma tendência de crescimento na procura por conteúdo de investimentos e educação financeira, o que naturalmente tende a fazer aumentar o número de investidores em Bolsa.

De nossa parte, continuaremos a nos esforçar para chegarmos a esse patamar e superá-lo, por meio da propagação de muito conteúdo educativo, informativo e sempre incentivando as pessoas a começar a investir. Temos certeza de que estamos no caminho certo e que no futuro ainda teremos muitos brasileiros investindo na Bolsa e vivendo de dividendos.

FORMAÇÃO E ACOMPANHAMENTO DA CARTEIRA

17) Com pouco capital, devo fazer compras mensais no fracionário ou juntar capital para comprar um lote de 100 ações?

Comprar no mercado fracionário é viável, sim, e faz bastante sentido, especialmente para o pequeno investidor, que possui uma capacidade de aportes limitada.

Como nem todo mundo consegue amealhar um valor maior, capaz de comprar um lote, tendo em vista que muitas ações possuem lotes que são de fato bastante caros para a maioria dos pequenos investidores, o mercado fracionário serve perfeitamente para esses investidores.

Hoje em dia, com as corretoras cobrando taxas cada vez mais atrativas, e algumas oferecendo descontos exclusivos para operações no fracionário, além de inúmeros ativos possuírem um mercado fracionário com uma liquidez razoável, comprar nessa modalidade ficou bastante interessante.

Além disso, vale ressaltar que o mercado fracionário concede ao investidor a possibilidade de ele manter recorrência em seus aportes, incentivando-o a manter a disciplina de realizar aportes mensais, por exemplo, e deixando-o mais próximo do mercado.

Por vezes, juntar capital para comprar ativos no lote padrão pode acabar levando muito tempo, e o investidor pode desanimar e dar outro destino a esse dinheiro, o que seria péssimo.

Porém, lembremos que nem todos os ativos possuem um fracionário líquido, e empresas de menor porte, e menos líquidas, por vezes podem apresentar *Spreads* grandes no fracionário, com preços muito diferentes dos oferecidos no mercado padrão.

Nestes casos, o ideal seria realmente juntar todo o valor necessário para comprar no lote padrão, ou então aguardar os preços oferecidos no fracionário estarem em linha com o do lote, evitando pagar um preço muito acima do mercado por algum ativo.

18) Em quantos papéis devo concentrar as compras mensais?

Geralmente concentramos nossas compras mensais em dois ou três papéis. Porém, a depender do número de oportunidades disponíveis naquele momento específico, podemos comprar menos ativos ou mais em um determinado mês.

Por exemplo, se existe um ativo de que gostamos bastante e que esteja em um momento de grande oportunidade, com um *Valuation* bastante atrativo, com múltiplos próximos das mínimas históricas – e, claro, sem nenhuma questão de deterioração estrutural de seus números, que possa comprometer de forma relevante a saúde financeira daquela empresa –, é possível que direcionemos todo o aporte e reinvestimentos de dividendos do mês apenas para esse ativo.

Porém, é comum que exista mais de uma boa oportunidade e, por isso, normalmente nossas compras acabam envolvendo um número um pouco maior de papéis.

Independente da quantidade exata de ativos a ser comprada mensalmente, o importante é que o investidor concentre suas compras nas melhores oportunidades daquele momento, seja em ações, fundos imobiliários ou mesmo BDRs.

Dessa forma, o investidor consegue capturar preços bastante atrativos, garantindo uma margem de segurança maior nas compras e *Yields* maiores, além de obter um potencial maior de *Upside*.

Felizmente, por estarmos no Brasil, um país com características peculiares, onde com certa frequência vemos um cenário de volatilidade e receio, tanto por questões políticas, quanto econômicas, é bastante comum termos "promoções" na Bolsa de Valores. Assim, dificilmente o investidor ficará muito tempo sem ter pelo menos algumas boas oportunidades disponíveis.

Um ponto a ser ressaltado, no entanto, é que normalmente o ideal é não diversificar o aporte mensal em muitos papéis, tendo em vista que os custos com corretagem podem acabar assumindo um peso muito elevado no aporte ou reinvestimento daquele mês.

O recomendado é que os custos com corretagem não superem 2% do valor do aporte, sendo que o ótimo é que não superem 1%.

19) É possível formar uma carteira de longo prazo comprando apenas ações preferenciais?

Sim, é possível. Empresas como Itaú e Bradesco possuem ações preferenciais. Nos Estados Unidos, a Berkshire Hathaway, o Google e o Facebook possuem mais de uma classe de ações.

Enquanto isso, ações da construtora PDG e da OGX despencaram mais de 90% em período anterior à publicação deste livro, apesar de ambas somente possuírem ações ordinárias.

Portanto, ter somente ações ordinárias não é garantia de sucesso na Bolsa ou sequer de boas práticas de governança.

Boas práticas de governança corporativa são muito mais do que a empresa ter apenas uma classe de ações. Governança corporativa é basicamente fazer com o dinheiro dos acionistas o que é melhor para eles, independente das ambições individuais da gestão.

Na nossa interpretação, você deveria olhar para todos os fundamentos da empresa e depois decidir qual classe de ações irá comprar. Jamais faça o contrário: começar com a premissa de comprar uma única classe de ações e somente depois analisar os fundamentos.

20) Para quem está começando, vale diversificar em quantas ações?

Para quem está iniciando no mercado, especialmente com recursos limitados e criando uma carteira do zero, focada em aportes mensais e sem grandes recursos previamente disponíveis, faz total sentido ter uma carteira mais concentrada e menos diversificada nos primeiros meses.

Porque se o investidor que inicia com aportes pequenos – por exemplo, de R$ 400 ou R$ 500 – resolver diversificar esse aporte em mais de um ou dois papéis, provavelmente terá de arcar com custos muito expressivos referentes às taxas de corretagem, que prejudicarão o retorno no longo prazo.

Sendo assim, para esses investidores, é interessante concentrar o aporte em apenas um papel mensalmente, tentando pagar a menor corretagem possível, de forma a diluir ao máximo esses custos.

Conforme os aportes cresçam, o que é natural para quem prospera profissionalmente ou passa a conseguir economizar mais, começa a fazer sentido diversificar o aporte em mais de um papel, mas é sempre importante cuidar para que as taxas de corretagem não representem mais de 2% dos valores.

Já para aqueles investidores que querem começar com recursos mais elevados, e já possuam valores em renda fixa, por exemplo, o ideal é que iniciem com uma carteira diversificada, com algo em torno de oito ações e cinco fundos imobiliários, diversificados em setores e classes diferentes.

21) Seis ativos em uma carteira é uma boa quantidade?

Para uma carteira em fase inicial, que ainda está em seus primeiros meses, ou primeiro ano, é uma quantidade razoável.

Porém, para o longo prazo, o ideal é que a carteira previdenciária seja mais diversificada, estando representada por pelo menos quatro ou cinco setores diferentes, e também com fundos imobiliários, de vários perfis e tipos.

Conforme a carteira do investidor vai crescendo e ganhando forma, o ideal, a nosso ver, é que ocorra uma diversificação, buscando algo próximo de doze a quinze ativos, pelo menos, entre ações e fundos imobiliários.

Essa diversificação é importante para reduzir o risco da carteira, tendo em vista que, diversificando entre ativos diferentes e setores distintos, o investidor consegue se proteger de problemas pontuais em setores ou mesmo em empresas específicas.

Evidentemente, existem casos em que concentrar pode fazer sentido, como, por exemplo, um caso hipotético de um investidor que resolve começar a estruturar sua carteira dentro de uma grande crise, e vê papéis de empresas sólidas e muito consolidadas a preços muito baratos.

Neste caso, concentrar em menos papéis, e menos setores, faz sentido. Porém, na média, o mais saudável e natural é que o investidor diversifique seu portfólio sem exageros, para não acabar pulverizando a carteira e também tornando o controle dos ativos inviável ou trabalhoso demais.

22) Quantos ativos de um mesmo setor devo ter em minha carteira?

Não incentivamos você a ter mais de três ativos do mesmo setor na sua carteira. Por quê?

A diversificação produz efeitos relevantes até o vigésimo ativo. O vigésimo primeiro ativo não produz o mesmo benefício, em termos de diversificação e redução da volatilidade da carteira e da renda, que os primeiros vinte ativos.

Desta forma, não acreditamos que você deva manter mais do que vinte ativos em carteira. Se você possuir muitos ativos de um setor, terá uma exposição grande nesse setor, algo que não incentivamos.

Se você possuir quatro ou cinco ativos por setor numa carteira de vinte ativos, sua exposição setorial tende a ser muito elevada. Portanto, não tenha mais do que três ativos de um único setor.

Como regra de bolso: não concentre mais que 15% do seu capital em uma única empresa e não possua mais que 30% do seu patrimônio em apenas um setor. Você estará razoavelmente protegido de eventos que impactem um único setor se seguir este limite.

23) Em uma carteira de onze ativos, é um erro ter cinco papéis do mesmo setor?

Por mais que existam vários setores muito resilientes e perenes, nos quais as empresas conseguem operar com margens elevadas e uma alta rentabilidade, concentrar tanto em um único setor é perigoso.

O ideal seria que, numa carteira de onze ativos, no máximo dois ou três ativos fossem do mesmo setor e, obviamente, desde que este setor seja bastante resiliente e perene.

Neste caso, o interessante é ter pelo menos quatro setores dentro de uma carteira, de forma a diversificar o risco setorial e reduzir o risco.

É importante lembrar que, por mais que existam setores bastante sólidos, anticíclicos e perenes – como, por exemplo, o energético –, nada impede que problemas envolvendo questões regulatórias ou estruturais acabem prejudicando-os, podendo impactar de forma severa empresas que neles operam.

Por fim, concentrar tanto em um único setor faz com que o investidor também se beneficie menos do crescimento de outras ótimas empresas inseridas em outros setores, que eventualmente podem viver um ciclo de crescimento mais forte e robusto, dentro de um contexto econômico positivo.

24) Existe uma composição ideal de renda fixa e variável para uma carteira?

Consultores financeiros e a própria mídia frequentemente sugerem que uma carteira ideal deve ter exposições de 80% a 90% a fundos de renda fixa, com uma pequena parcela em fundos de multimercado, e exposições de 10%, ou até menos, a ações.

Vemos essas recomendações como absurdas, pois, com essa composição de carteira, muito dificilmente o investidor conseguirá chegar à sua independência financeira, especialmente com a tendência de juros baixos que o país vivia no momento em que este livro foi publicado, para a qual a expectativa era de permanência por um bom tempo.

Para nós, não existe exatamente uma composição ideal de renda fixa e variável. Costumamos dizer que a composição ideal geralmente é aquela que mais se encaixa no perfil do investidor e a que mais lhe proporciona conforto.

Além disso, há de se considerar o tamanho da carteira. Para carteiras com volumes financeiros mais elevados, faz sentido adquirir BDRs, por exemplo, ou mesmo instrumentos de renda fixa mais sofisticados, como debêntures ou CRIs.

Já para carteiras menores, de investidores que estão iniciando, não faz muito sentido ter esses ativos, que exigem geralmente volumes financeiros mais elevados.

Porém, de forma geral, uma carteira previdenciária formada por algo como 50% em ações, 30% em FIIs, 15% em renda fixa e 5% em BDRs seria algo próximo do ideal, capaz de apresentar retornos muito acima da média no longo prazo, com menor volatilidade. E ainda proporcionaria ao investidor, através da alocação em renda fixa, a possibilidade de aproveitar momentos de crise para investir de maneira mais intensa.

25) Qual percentual vocês gostam de ter em renda fixa e renda variável?

Particularmente, gostamos de manter a maior alocação possível em renda variável, dividida entre ações e fundos imobiliários.

Porém, em alguns momentos, especialmente aqueles em que o mercado está se valorizando de forma considerável, ou não vemos muitas oportunidades disponíveis, podemos acabar acumulando algo em renda fixa por alguns meses, mas que dificilmente passaria de 10% do portfólio.

Como o mercado frequentemente oferece boas oportunidades, e é raro que não exista pelo menos algum bom papel em um preço atrativo para ser comprado, não costumamos acumular uma parcela maior em renda fixa. Sempre acabamos encontrando uma boa oportunidade para reinvestir os dividendos.

Outro ponto é que, como compramos ações, fundos imobiliários e BDRs, sempre aproveitando as melhores oportunidades desses ativos em determinados momentos, a probabilidade de não haver uma boa oportunidade dentro de pelo menos uma dessas classes de ativos é realmente muito baixa.

Alguns podem pensar que é realmente muito arrojado manter a quase totalidade do portfólio em renda variável, porém nos sentimos plenamente confortáveis assim.

A nosso ver, a renda fixa não deve ser encarada como propriamente um investimento, que visa rentabilizar o patrimônio, mas apenas como um lugar para estacionar os recursos nos momentos em que as oportunidades são escassas, ou para fazer alguma reserva de emergência, para eventuais despesas extraordinárias que possam surgir.

De qualquer forma, como entendemos que a maior parte dos investidores não se sentiria confortável com tamanha exposição em renda variável, e provavelmente nem seria prudente, na medida em que a renda variável exige um pouco mais de experiência e acompanhamento, sugerimos que os investidores, especialmente os iniciantes, tenham pelo menos 20% a 30% do portfólio em renda fixa, para poder aproveitar oportunidades em momentos de volatilidade.

Conforme o investidor adquira conhecimento do mercado e experiência, e se sinta mais confortável, torna-se viável ter uma exposição maior em renda variável, caso faça sentido.

26) Em qual investimento devo deixar meu fundo de emergência?

No momento em que este livro foi publicado, utilizávamos como fundo de emergência o fundo BTG Pactual Yield DI RF CP, que possuía uma liquidez elevada, permitindo resgate em D+0, com rentabilidade bruta próxima ao CDI.

Como utilizamos a renda fixa apenas como um modo de ter recursos disponíveis imediatamente para poder comprar ações em momentos de volatilidade, ou para eventuais custos e despesas emergenciais, e não para simplesmente buscar rentabilidade, esse produto nos servia muito bem.

É recomendável que, para fundo de emergência, o investidor utilize uma opção com liquidez imediata e com baixas taxas de administração (o ideal é que essa taxa não supere 0,5%).

Infelizmente, fundos de renda fixa de grandes bancos em geral cobram taxas abusivas e oferecem rentabilidades baixas. Portanto, é interessante que o investidor busque esses fundos em plataformas de corretoras, que geralmente oferecem muito mais produtos.

27) De quanto em quanto tempo devo rever as ações da minha carteira?

Acompanhar a carteira de ações e o desempenho das empresas investidas é importante, e deveria ser uma lição de casa de todos os investidores. Infelizmente, muitos compram ações e não fazem o devido acompanhamento.

Esses investidores certamente estão correndo riscos bem maiores, pois as empresas podem se deteriorar e acabar gerando grandes prejuízos. Aqueles que não conseguem perceber essa deterioração nos números, ou sequer acompanham isso, nem notarão essa piora.

Por outro lado, acompanhar demasiadamente o mercado e a sua carteira pode ser nocivo ao investidor, tendo em vista que pode incentivá-lo a adotar uma postura mais especulativa, querendo surfar nos movimentos dos ativos através de *Trades*. Pode levar também os investidores a cometer erros, vendendo ações por um resultado aparentemente fraco, ou algo desse tipo.

Em nossa avaliação, revisar a carteira e avaliar os números das empresas semestralmente ou anualmente é suficiente, pois são períodos de tempo que permitem notar alguma deterioração gradual dos números das empresas. Um acompanhamento assim confere uma base de números consolidados mais confiáveis do que uma avaliação trimestral, período no qual existem sazonalidades e podem ocorrer eventos não recorrentes e pontuais que distorcem os números de forma isolada.

Devemos destacar, porém, que não é porque a empresa eventualmente apresentou um semestre ou mesmo um ano de resultados mais fracos que ela passa a ser uma péssima empresa e deve ser vendida.

No entanto, caso o investidor note que está ocorrendo uma deterioração progressiva – com piora gradativa de margens, métricas de rentabilidade, perda de fatias do mercado, competitividade mais agressiva e endividamento se elevando durante vários semestres consecutivos –, provavelmente a melhor decisão será vender esse ativo e comprar outra empresa mais sólida e em uma situação mais saudável.

28) Uma empresa boa pode se deteriorar?

Sem dúvida. Por mais que empresas boas, que possuem um balanço sólido e margens operacionais elevadas, ofereçam menores riscos (por se tratar de empresas sólidas e saudáveis, geralmente consolidadas), ainda assim podem acabar se deteriorando em algum momento.

Geralmente, tal deterioração pode ocorrer após fatores como mudanças no time de gestão, decisões erradas de investimentos, saúde da estrutura de capital comprometida com alta alavancagem, concorrência agressiva, perda de monopólios, ciclicidade, crises mais específicas de alguns segmentos, dentre outros pontos.

Um exemplo de empresa que era considerada ótima, sempre procurada pela maior parte dos investidores e que apresentava um desempenho muito forte em Bolsa, é o da Cielo.

A empresa, que era uma líder isolada de seu nicho de mercado, após mudanças regulatórias que abriram a oportunidade de outros *players* operarem nesse setor, passou a enfrentar uma séria pressão por conta de um grande aumento de concorrência, que levou a uma verdadeira guerra de preços. Com isso, perdeu margens de forma progressiva, tendo seus resultados afetados também com a perda de *market share*.

No momento em que este livro foi publicado, a empresa vivia uma situação bastante delicada, e as perspectivas para os próximos anos não eram nada positivas, uma vez que havia uma clara tendência de acirramento dessa competição, que deveria continuar se traduzindo em margens e lucros cada vez menores.

Além da Cielo, já houve inúmeros outros casos de empresas consideradas boas que se deterioraram, sendo que algumas até deixaram de existir, ou pediram recuperação judicial.

Por isso, é importante o investidor sempre estar atento ao desempenho de suas empresas, fazendo um acompanhamento pelo menos semestral, e também acompanhando de perto os dados do setor, de forma a identificar eventuais problemas estruturais e um cenário adverso para a empresa.

FUNDOS IMOBILIÁRIOS

29) O que são fundos imobiliários?

Fundos imobiliários são fundos de investimento fechados e sem possibilidade de resgate (porém, com a possibilidade de vender as cotas no mercado secundário), constituídos por um administrador, que tem como objetivo principal reunir recursos para investir em ativos imobiliários, como lajes corporativas, *shoppings*, galpões logísticos, hospitais, sedes empresariais, imóveis de varejo, imóveis residenciais e títulos de dívida imobiliária, tais como LCI e CRI, dividindo os resultados gerados entre os cotistas.

Para um fundo ser estruturado, o administrador do fundo imobiliário contrata instituições financeiras e lança o fundo junto à B3, vendendo-o em inúmeras cotas para os investidores, por meio de uma oferta pública.

Com os recursos arrecadados, o fundo faz a aquisição dos imóveis-alvos (ou títulos de lastro imobiliário), que podem ser vários ou apenas um: podem ser 100% de um prédio, vários prédios diferentes ou apenas algumas salas comerciais, o que dependerá da estratégia de cada fundo.

Os investidores, depois de entrarem na oferta primária, ou após a compra de cotas no mercado secundário, passam a ser cotistas dos fundos imobiliários, tornando-se efetivamente sócios. Dessa forma, fazem jus aos resultados desses empreendimentos, que normalmente são lucros obtidos com o aluguel das explorações de lajes comerciais, espaços comerciais, lojas de *shoppings* e assim por diante.

Os fundos imobiliários também podem estar no segmento de

desenvolvimento imobiliário – e, assim, operar construindo e vendendo imóveis, repassando os lucros aos investidores – ou no segmento de dívidas imobiliárias, recebendo juros e correção monetária dos ativos investidos.

Cada fundo tem um perfil e é importante o investidor conhecer bem e definir o perfil que mais lhe agrada antes de investir.

São muitas as vantagens de investir em fundos imobiliários, dentre as quais, destacamos:

i. Possibilidade de investir com pouco dinheiro – existem cotas que custam menos de R$ 10;

ii. Isenção fiscal dos rendimentos (até o momento da publicação deste livro, o investidor não necessitava pagar impostos relacionados ao recebimento dos proventos);

iii. Diversificação, com fundos que possuem até dezenas de imóveis;

iv. Rentabilidade atrativa, com *Yields* maiores que o investimento direto em imóveis; e

v. Ausência de burocracia, tendo em vista que o investidor não necessita tomar conta dos processos que envolvem a posse de um imóvel.

30) É possível criar uma carteira previdenciária somente com fundos imobiliários?

Sim, sem dúvida é possível.

Assim como existem muitos investidores no Brasil e no mundo que vivem unicamente dos aluguéis de seus imóveis, fazendo desses recursos a maior parte ou a única fonte de recursos de suas aposentadorias, também é plenamente viável um investidor viver exclusivamente dos rendimentos de seus fundos imobiliários.

No caso dos fundos imobiliários, inclusive, é uma estratégia muito mais atrativa e coerente, tendo em vista que, com um patrimônio formado por esses fundos, o investidor consegue garantir uma diversificação muito maior para sua carteira, e também ter acesso a empreendimentos altamente competitivos, que provavelmente seriam inacessíveis a ele se investisse sozinho, justamente por exigirem elevados volumes financeiros para investimento.

Por meio de um único fundo imobiliário, por vezes, o investidor consegue ter participação em inúmeras lajes corporativas em prédios e regiões diferentes, com dezenas de inquilinos diferentes, com os mais variados perfis e que atuam em setores distintos, o que seria algo inimaginável para a maioria dos investidores pessoa física que investem diretamente em imóveis.

Já se considerarmos o que seria mais saudável, ou seja, uma carteira diversificada, com algo em torno de dez a quinze fundos imobiliários, por exemplo, ela provavelmente conseguiria proporcionar ao investidor a possibilidade de se expor talvez a dezenas ou centenas de imóveis diferentes, com perfis e operações diferentes, como *shoppings*, hospitais, universidades, lajes corporativas, lojas de rua, dentre outros.

Ou seja, é, sim, possível ter uma carteira previdenciária 100% formada por fundos imobiliários e estar bastante diversificado e protegido com essa carteira, mesmo tendo algo em torno de dez fundos.

Porém, apesar de ser viável ter uma carteira com esse perfil, nós não recomendamos isso. Concentrando a totalidade de seus recursos em fundos imobiliários, o investidor acaba abrindo mão da possibilidade de obter rentabilidades ainda maiores e perdendo a chance de investir em ótimos negócios em ações, por exemplo, o que tende a reduzir o seu potencial de retorno no longo prazo, e até mesmo os seus dividendos.

Por isso, a carteira previdenciária que consideramos ideal deve ser composta por ambos os ativos: ações e fundos imobiliários. São ativos complementares e ambos deverão contribuir positivamente para uma rentabilidade bastante acima da média no longo prazo.

31) Fundos imobiliários de papel, que investem em recebíveis, têm espaço numa carteira previdenciária?

Na nossa visão, fundos imobiliários que investem em recebíveis, os chamados "fundos de papel", são essenciais numa carteira previdenciária, visto que entregam ao investidor retornos bastante atrativos, geralmente muito superiores ao CDI, e o protegem imediatamente da inflação, gerando bastante caixa em momentos de inflação alta, preservando seu poder de compra e permitindo que ele tenha caixa para adquirir novas cotas ou investir em outros ativos.

Geralmente, em períodos de crise, grande parte dos ativos de renda variável se desvaloriza e muitos fundos de tijolo e ações enfrentam problemas, tendo que reduzir dividendos. Mas os fundos de papel, por outro lado, por entregarem rentabilidade indexada à inflação, além de se beneficiarem das taxas de juros (que geralmente estão mais altas em momentos de crise), costumam entregar retornos muito atrativos nesses períodos, servindo como uma espécie de *Hedge* para o investidor.

Na prática, o investidor que possui fundos de papel tende a continuar obtendo uma rentabilidade atrativa mesmo em períodos de crise, e obtém um fluxo forte de renda passiva, permitindo que aproveite a crise para investir da maneira que, na sua avaliação, for a melhor.

Mesmo no cenário de juros baixos existente no momento em que este livro está sendo publicado, é possível encontrar fundos de recebíveis que possuam carteiras com prêmios de mais de 7% ou 8% em termos de retorno anual, sem contar a valorização das cotas.

O fato de eles pagarem dividendos mensais também é um ponto muito forte a favor, já que permite um efeito robusto dos juros compostos, com o investidor reinvestindo os dividendos com maior frequência.

Além disso, o fato de esses fundos serem bastante diversificados – e possuírem garantias robustas de uma maneira geral, sendo estruturas bem amarradas – é outro ponto que nos conforta, já que, em um caso extremo de inadimplência de algum devedor, o fundo – como proprietário do CRI – pode executar os imóveis cedidos em garantia ou mesmo fianças e outros ativos que servem como garantia na operação, liquidando os ativos e retornando os recursos ao fundo.

Avaliamos que todo investidor deveria ter uma parcela de fundos de papel em sua carteira, já que esses fundos entregam retornos elevados, protegem o capital do investidor da inflação imediatamente, entregam uma grande rentabilidade nominal em períodos turbulentos e são menos voláteis que outros ativos de renda variável.

32) Qual é o segmento de fundos imobiliários mais atraente?

É uma pergunta interessante, até porque é fundamental que todo investidor tenha consciência da importância da diversificação interna da carteira. Por outro lado, entendemos também que seja natural que tenhamos preferência por algum setor presente no arcabouço dos fundos imobiliários.

Na nossa visão, o segmento de *shoppings* é o que mais agrada, a começar pelo próprio resultado médio consistente comprovado em diversos FIIs listados, especialmente os mais antigos – é notório que boa parte dos melhores desempenhos históricos está ancorada em vários fundos desse setor.

A bem da verdade, diversos investidores têm receio em relação aos *shoppings* em face de uma grande penetração do comércio eletrônico (*e-commerce*) no mercado brasileiro, apesar de ser ainda incipiente quando comparamos com países mais desenvolvidos. Isso não nos preocupa de forma alguma. Pelo contrário. Entendemos que o Brasil é um dos países mais avançados em termos de inteligência operacional em *shoppings*. Fato é que temos visto uma profunda adaptação nos ativos em função de estarem cada vez mais direcionados às necessidades do entretenimento.

Some-se isso ao fato de encontrarmos por aqui um grande déficit em relação à Área Bruta Locável (ABL) por habitante, o que nos coloca em uma posição confortável, visto que não há indicação alguma de sobreoferta no momento em que este livro está sendo publicado.

É possível perceber, inclusive, que alguns *shoppings* são construídos em um raio próximo e, apesar de existir uma natural dominância entre eles, há espaço para que todos os administradores possam compartilhar o consumo local, respeitando o nicho (*mix*) de cada uma das operações.

O risco continua estando nos *shoppings greenfields*, isto é, com baixo nível de maturação. De fato, essas operações exigem mais cautela e critérios para seleção.

Vale também observar que os *shopping centers* no Brasil foram abraçados pelo desenvolvimento urbano, diferentemente de outros países, onde estas operações foram criadas na periferia das cidades.

Um ponto final que gostaríamos de destacar, que consolida a nossa preferência pelo setor, é que a gestão desses ativos é feita por profissionais focados no varejo local com muito conhecimento (*know-how*). Portanto, é possível ao cotista embarcar nessa vasta experiência e, por consequência, no sucesso da operação.

33) Quais indicadores avaliar para escolher um fundo imobiliário?

Essa é uma pergunta interessante, pois, antes de investir em qualquer ativo, é sempre importante fazer uma boa avaliação para reconhecer pontos positivos e também saber identificar riscos.

O investidor bem informado e que entende onde está investindo tem muito mais chances de obter sucesso no longo prazo, além de, naturalmente, ter muito mais segurança e tranquilidade em relação aos ativos que compõem a sua carteira.

Como os fundos imobiliários possuem classes e perfis diferentes de ativos, cada classe tem suas próprias particularidades e pontos que devem ser analisados com mais cuidado, de forma específica.

Por exemplo, quando olhamos para os fundos de CRIs, que são os que investem em recebíveis imobiliários, é importante avaliar o lastro desses ativos – o LTV, que é a relação do valor das garantias e o valor da dívida, a qualidade e solidez financeira dos devedores –, além de analisar a própria estrutura, garantias, existência de *Overcollateral*, dados de inadimplência, entre outros fatores.

Geralmente, esses dados podem ser encontrados nos relatórios mensais disponibilizados pelos gestores desses fundos, que, por sua vez, podem ser acessados por meio do *site* da B3 ou no *website* do próprio gestor.

Se olharmos para fundos imobiliários de lajes corporativas, a análise ideal seria feita através de outros componentes. Por exemplo, mais focados em questões específicas do imóvel e seu histórico.

Para esses fundos de lajes corporativas, é essencial avaliar fatores como:

i. Localização do imóvel, para avaliar a qualidade da região em que ele está inserido;

ii. Diferenciais competitivos do imóvel e facilidade de recolocação;

iii. Histórico de vacância (quanto menos vacância o imóvel apresentou ao longo de sua história, melhor);

iv. Dados a respeito de inadimplência;

v. Condições do imóvel (quanto pior o estado do imóvel, maior a demanda de *Capex* e, evidentemente, menores suas vantagens frente a outros ativos); e

vi. Preço e *Valuation*, em relação aos quais o investidor deve avaliar os preços do aluguel por m² praticados na região e também do próprio imóvel.

Existem outros fatores também importantes que podem fazer parte da análise, como o histórico do gestor e seu *Track Record*, a liquidez do fundo, o seu *Dividend Yield*, a consistência de pagamentos de dividendos, o perfil de gestão do fundo (ativa ou passiva), dentre outros pontos.

Já se estamos falando de fundos de *shoppings*, alguns pontos essenciais que devem ser analisados são: vendas por m², aluguel por m², histórico operacional e de desempenho de vendas, vacância, inadimplência, localização, região, *Cap Rate* dos ativos (especialmente nos fundos mais novos), consolidação do empreendimento, entre outros fatores.

Além desses fundos citados, ainda existem fundos logísticos e industriais, fundos de hospitais, de universidades e de desenvolvimento imobiliário. Cada um possui particularidades na hora da análise. Porém, de modo geral, o investidor deve sempre se atentar à qualidade dos empreendimentos, ao desempenho operacional e à vacância.

AÇÕES

34) O que pode ser feito para diminuir o risco de investir em ações?

Uma pergunta que nos fazem com certa frequência está relacionada ao risco de investir em ações. Muitos investidores desejam investir no mercado acionário, porém, amedrontados pelo mito de que o investimento em ações é demasiadamente arriscado, acabam desistindo da ideia.

Felizmente, ao contrário do que diz a crença popular, o mercado de ações não é necessariamente arriscado, e investir em ações de forma segura é plenamente possível.

Isso porque existem inúmeras formas de o investidor reduzir o risco de investir em ações, tornando esse mercado bem menos volátil e menos arriscado do que ele aparenta ser.

A principal forma de reduzir o risco no investimento em ações é focar em empresas sólidas, saudáveis, com boas métricas de rentabilidade, com baixo endividamento, inseridas em setores perenes e anticíclicos, e que pagam bons dividendos.

De maneira geral, ao investir em empresas com esse perfil – por serem negócios sólidos, maduros e resilientes, via de regra líderes de mercado e com vantagens competitivas –, o investidor consegue reduzir drasticamente a volatilidade da sua carteira e o próprio risco de deterioração dos números de suas empresas.

Normalmente, as empresas que mais oferecem riscos aos investidores são as que possuem balanços deteriorados e endividamento elevado, estão inseridas em setores muito cíclicos (como mineração e siderurgia) e têm históricos pouco consistentes.

Outra estratégia para reduzir de forma considerável seu risco é pela diversificação. Diversificando sua carteira entre várias empresas e vários setores, de preferência escolhendo apenas empresas boas, o investidor também consegue minimizar e diluir eventuais impactos negativos de alguma empresa que venha a ter um desempenho insatisfatório.

Imagine que você tenha uma carteira de ações com R$ 100 mil investidos em dez empresas de forma igualitária e que montou essa carteira há um ano.

Caso uma dessas empresas venha a enfrentar grandes problemas (o que eventualmente ocorrerá) e seu investimento nela se reduza de R$ 10 mil para R$ 3 mil, ao passo que as outras em geral se valorizaram, vamos supor, algo em torno de 15% na média, então o seu saldo financeiro seria de R$ 106.500.

Ou seja, mesmo com uma empresa enfrentando sérios problemas e se desvalorizando 70% em um ano, ainda assim a sua carteira, em termos gerais, se valorizaria 6,5% nesse período, absorvendo totalmente o revés do exemplo citado.

Portanto, investindo em boas empresas, diversificando a carteira e, claro, sempre fazendo um acompanhamento semestral das empresas para averiguar seus números e métricas, reduz-se o risco do investimento no mercado de ações. Seguindo essas regras, o investidor consegue investir de forma muito mais tranquila e despreocupada, além de, evidentemente, elevar suas chances de obter sucesso no longo prazo.

35) Vocês acreditam que ações protegem o investidor da inflação?

Em geral, sim. Especialmente quando falamos das boas empresas e de um horizonte focado no prazo longo.

Se avaliarmos as performances históricas dos mercados de ações globais, notaremos que praticamente todos eles apresentaram, no longo prazo, uma performance bem superior à inflação. Na média, para um período longo, a rentabilidade foi em torno dos 5% acima da inflação ao ano.

No curto prazo podem ocorrer crises e volatilidades pontuais, que podem prejudicar a performance desses ativos, tornando suas rentabilidades pouco atrativas momentaneamente. Porém, no longo prazo, a tendência é de que as ações entreguem retornos superiores à inflação.

Isso se deve principalmente ao fato de que as empresas tendem a crescer junto com a própria economia, investindo para expandir suas operações, aumentando sua escala, o que geralmente se traduz em lucros e resultados maiores ao longo do tempo, refletindo-se também em cotações maiores.

Além disso, especialmente nos setores menos cíclicos e de maior recorrência, as empresas tendem a reajustar seus produtos e serviços de acordo com a inflação, ou por vezes acima dela, de forma que o crescimento das suas próprias receitas tende a pelo menos acompanhar a inflação no longo prazo.

É claro que estamos falando de uma forma geral, havendo muitas empresas que não serão capazes de entregar retornos superiores à inflação. Por isso, é sempre importante o investidor focar em boas empresas, que possuem números e métricas saudáveis, e estão inseridas em setores perenes, pois essas são as que geralmente entregam os retornos mais consistentes no longo prazo, protegendo o investidor da inflação.

36) Como lucrarei com uma ação, se eu não a vender?

Apesar de a venda de ações com lucro ser uma das formas mais difundidas para o investidor ganhar dinheiro na Bolsa, ela não é a única.

Existem outras formas de ganhar dinheiro com ações sem necessitar vender, como, por exemplo, quando a empresa paga dividendos e o investidor recebe esses recursos em conta, podendo utilizá-los para comprar mais ações.

Dessa forma, o investidor vai obtendo um número cada vez maior de ações daquela empresa, o que lhe proporcionará cada vez mais dividendos. Até que chega um ponto em que este investidor já recebeu mais dividendos do que o valor que investiu naquela ação e, também, em que ele poderá utilizar aquela renda passiva para complementar sua renda ou, eventualmente, para ser sua principal fonte de renda e aposentadoria.

Além disso, o investidor também pode alugar suas ações, caso em que o tomador – que geralmente busca os papéis para realizar operações especulativas – paga uma taxa anual proporcional ao tempo pelo qual permaneceu com as ações. Dessa forma, o doador (aquele que cedeu as ações para aluguel) recebe uma remuneração por ter emprestado suas ações.

Há ainda outra forma de o investidor ser remunerado com suas ações sem a necessidade de vendê-las, que é a venda de opções cobertas OTM "fora do dinheiro".

Nessas operações, o investidor vende opções a terceiros, basicamente comercializando os direitos de outros investidores comprarem suas ações posteriormente. São chamadas de "fora do dinheiro" justamente por estarem a preços distantes, e que geralmente indicam que o investidor não terá de vender suas ações, recebendo então "gratuitamente" o prêmio da venda da opção.

Essa modalidade, no entanto, exige um conhecimento mais avançado e técnico de mercado, já que são operações mais complexas e podem envolver riscos. Ademais, lançar "fora do dinheiro" normalmente garante um retorno bem baixo, e o investidor só consegue lucrar alguns centavos por cada ação que possui, justamente pela probabilidade de exercício ser baixa.

37) Quando vender uma ação?

Nossa filosofia é a de que o investidor, a princípio, deve permanecer o maior tempo possível com as ações. Não somos de incentivar a venda e o giro. Porém, evidentemente, existem algumas situações em que de fato é interessante considerar a venda de uma ação, tais como:

A. Deterioração dos números e perda de fundamentos: quando as perspectivas do negócio passam a ser negativas e os números, margens e resultados da empresa estão piorando de forma recorrente e/ou a empresa torna-se extremamente endividada. Nesses casos, vender a ação pode valer a pena. Afinal de contas, é melhor pular do barco antes de afundar com ele.

B. *Valuation* caro: outro caso em que pode valer a pena considerar a possibilidade de vender uma ação é quando seu *Valuation* está caro e precificando um cenário demasiadamente otimista. Neste caso, por mais que a empresa seja boa, caso seus múltiplos estejam muito elevados, muito acima de seus pares, e precificando um cenário muito positivo, vender a ação pode ser a melhor atitude, já que em preços muito elevados perdem-se potencial de *Upside* e também a própria margem de segurança.

C. Surgimento de outra grande oportunidade: por vezes, especialmente em momentos de grande volatilidade e estresse, existem ações de boas empresas que se desvalorizam de forma acelerada e muito acima da média, gerando uma grande oportunidade, enquanto outras pouco se movimentaram ou seguiram se valorizando. Caso realmente seja apenas uma volatilidade sem justificativa aparente, pode ser uma boa ideia vender um papel mais valorizado, substituindo-o por uma ação que representa uma enorme e rara oportunidade.

38) Compensa comprar ações de empresas consolidadas, como Ambev e Itaú?

Geralmente, sim. Mas é claro que depende muito do preço e do *Valuation* do momento da compra.

Comprar empresas sólidas a múltiplos muito elevados e sem margem de segurança, por mais que sejam ótimas empresas, não costuma fazer sentido. Porém, a preços interessantes, com múltiplos abaixo das médias históricas, costuma, sim, ser um bom negócio.

Empresas consolidadas como Ambev e Itaú, por exemplo, evidentemente não vão lhe proporcionar ganhos extraordinários e acima da média, por já serem negócios maduros. Porém, por outro lado, ações de empresas como essas também oferecerão naturalmente um risco muito mais baixo e em geral suas ações terão menos volatilidade.

Além disso, empresas com esse perfil geralmente já estão sólidas e maduras, não necessitando realizar muitos investimentos expressivos, e já possuem grande escala em seus negócios. São empresas que costumam pagar bons dividendos, representando boas opções para compor uma carteira sólida e diversificada.

39) É melhor investir em empresas em franco crescimento ou em empresas maduras?

Em nossa avaliação, numa carteira previdenciária de longo prazo há espaço para os dois perfis de empresas, que acabarão se complementando e contribuindo para um desempenho bastante positivo da carteira no longo prazo.

As empresas mais maduras tendem a ser menos arriscadas e menos endividadas, além de distribuírem mais dividendos. Esses fatores tendem a reduzir a volatilidade da carteira e aumentar a geração de renda passiva, além de, claro, garantir uma rentabilidade interessante.

Já as empresas mais focadas em crescimento, por estarem investindo de forma mais robusta, tendem a crescer de forma mais acelerada e, com isso, podem apresentar maior evolução nos resultados, o que costuma se refletir em valorizações mais expressivas das ações. Além disso, essas empresas em crescimento, depois de deixado para trás o período de grandes investimentos e alavancagem, geralmente pagam dividendos no futuro, contribuindo com a renda passiva do investidor na sua aposentadoria.

Evidentemente, esse perfil de empresa acaba oferecendo um risco um pouco maior, já que pode estar se alavancando de forma acelerada, ou entrando em mercados competitivos ou ainda com fragilidades. Porém, ainda assim, empresas com esses perfis fazem total sentido dentro de uma carteira de longo prazo.

Uma carteira diversificada – que possui boas empresas maduras e sólidas, que pagam bons dividendos, além de empresas mais focadas no crescimento (mas que também sejam sólidas e saudáveis) e os próprios fundos imobiliários – é, em nossa avaliação, a carteira ideal que todo investidor deveria ter como modelo para o longo prazo.

40) O desdobramento de ações gera oportunidades de compras?

Geralmente, por si só, não, já que se trata apenas de dividir a pizza em mais partes. Na prática, o que ocorre é que o capital social da empresa, após um desdobramento, se divide em mais ações, normalmente para incrementar a liquidez do papel, já que o preço nominal da ação se torna menor. Porém, em termos de *Valuation* e precificação, nada é modificado.

Então, se considerarmos que uma empresa possui 20 milhões de ações e cada ação custa R$ 100, e ela resolve desdobrar suas ações na razão de 1 para 10, então a empresa passaria a ter 200 milhões de ações. Porém, cada uma agora custando R$ 10.

Ou seja, nenhum valor foi criado e nenhum múltiplo foi modificado. A empresa continuaria tendo um valor de mercado de R$ 2 bilhões, no entanto os papéis custam menos, embora com maior liquidez.

Caso a empresa esteja em um *Valuation* atrativo, com múltiplos interessantes, mas com o preço da ação bastante elevado, impedindo muitos investidores de comprar (especialmente os pequenos e iniciantes), o desdobramento pode, sim, criar a oportunidade de que estes investidores adquiram ações da empresa, com menos dinheiro.

41) Devo comprar ações no fracionário?

Você pode comprar ações no fracionário. Não existe nada de errado com isso. Só é preciso se atentar a alguns fatores.

Se você for comprar ações no fracionário, certamente fará um investimento de um valor menor e pode pagar uma taxa de corretagem elevada frente ao valor investido. Não deixe que os custos de corretagens e emolumentos consumam mais que 2% do seu valor investido.

Se a sua corretora cobra R$ 20 por transação (contando os emolumentos), você deve negociar, no mínimo, R$ 1 mil para justificar a corretagem.

Além disso, recomendamos que fique atento à diferença entre o preço que você pagará nas suas ações no mercado fracionário e o preço normal de mercado. É normal que o mercado fracionário tenha uma distância grande entre o preço de compra e venda. Evite pagar um preço muito superior ao valor no mercado normal. Não pagaríamos mais do que 1% de diferença para o preço normal. Se a diferença for maior, é melhor esperar.

42) Vale a pena alugar ações?

Sem dúvida, geralmente é uma ótima opção. Para o investidor de longo prazo, faz total sentido disponibilizar suas ações para aluguel, pois, com esse hábito, o investidor consegue gerar algum retorno incremental ao seu portfólio anualmente.

Embora as taxas pagas pelos tomadores de BTC (aluguel de ações) sejam geralmente baixas, ainda assim, pelo fato de o investidor já não ter a intenção de vender suas ações, carregando-as para o longo prazo, sempre vale a pena, na medida em que essa taxa acrescenta sempre algum retorno a mais para o investidor, muito similar a um dividendo extra, pago na conta a ele.

SMALL CAPS

43) Qual a característica que define uma *Small Cap*?

Não existe definição formal a respeito do que é uma *Small Cap*. Portanto, existe certo grau de subjetividade ao se conceituar o que é uma empresa de baixa capitalização.

Alguns investidores experientes buscam definir *Small Caps* pelo seu baixo valor de mercado. Outros investidores consideram *Small Caps* as empresas de baixa liquidez em Bolsa. Na grande maioria dos casos, ambos os conceitos convergem: as empresas de baixa capitalização também são pouco negociadas em Bolsa.

Consideramos *Small Caps* como aquelas empresas que figuram abaixo da linha mediana em termos de liquidez e/ou valor de mercado.

Desta forma, como são negociadas cerca de 400 ações na Bolsa, as duzentas empresas menos líquidas, e de menor valor de mercado, são consideradas *Small Caps*.

44) É interessante ter *Small Caps* na carteira?

Sem dúvida, todo investidor deveria reservar uma parcela menor de sua carteira para empresas com o perfil *Small Cap*.

As *Small Caps*, quando boas empresas, sólidas e com claras perspectivas de crescimento, podem proporcionar ao investidor retornos muito superiores àqueles que ele poderia conseguir com uma empresa mais sólida e mais consolidada, como as chamadas *Blue Chips*.

As *Small Caps*, por serem empresas de baixo valor de mercado

– e que geralmente estão realizando muitos investimentos para crescer e expandir sua escala e operações –, tendem a se valorizar de maneira muito expressiva, caso sua estratégia seja bem-sucedida.

É evidente, porém, que essas empresas também tendem a oferecer um risco um pouco acima da média, justamente por serem, muitas vezes, ainda pequenas, operando em escala menor, com poucas vantagens competitivas, atuando em setores incipientes, que dependem diretamente do sucesso de suas estratégias de investimentos. Frequentemente, são também empresas com uma alavancagem acima da média.

Por isso, escolher bem a empresa é fundamental, e é sempre preferível optar pelas *Small Caps* mais saudáveis, com balanços sólidos, endividamento controlado, vantagens competitivas e grande potencial de crescimento.

De qualquer forma, ainda que as *Small Caps* ofereçam risco um pouco maior, todo investidor deveria ter um espaço para essas empresas em sua carteira, já que elas podem proporcionar retornos bastante elevados, contribuindo para a rentabilidade global dessa carteira.

45) Investir 100% em *Small Caps* é uma boa ideia?

Investir em *Small Caps* sem dúvida é uma ótima opção para o investidor de longo prazo, tendo em vista que – quando se trata de boas empresas, com números sólidos e com vantagens competitivas – essas empresas menores possuem um enorme potencial de crescimento de resultados e de valorização das ações, muito acima de empresas mais sólidas e consolidadas, como as chamadas *Blue Chips*, por exemplo.

Para termos uma ideia, o índice SMLL, que é composto por inúmeras *Small Caps* listadas na Bolsa, desde o início de 2009 até o final de 2018, apresentou um desempenho de quase 260%, enquanto o Ibovespa se valorizou apenas 126% no período.

Na prática, o investidor que, no início de 2009, aplicou R$ 100 em algum fundo ou ETF (*Exchange Traded Fund*) que seguia a performance desse índice teria, ao final de 2018, em torno de R$ 358, enquanto que, se tivesse destinado esse valor a um ETF que segue o movimento do Ibovespa, os mesmos R$ 100 se tornariam algo próximo de R$ 226.

Se levarmos em conta ainda o desempenho histórico específico de ações apenas de boas empresas caracterizadas como *Small Caps*, o desempenho seria muito melhor, tendo em vista que muitas dessas ações se multiplicaram várias vezes durante esse período, como, por exemplo, RADL3, LREN3, UNIP6, CGRA4, EZTC3, dentre muitos outros papéis.

Ou seja, é inegável que investir em *Small Caps*, especialmente focando nas boas empresas, tende a ser um ótimo negócio.

No entanto, justamente por serem muitas vezes empresas pequenas, com operações incipientes, ainda em processo de consolidação e que buscam crescer de forma acelerada, em geral também se alavancando de forma considerável, essas empresas oferecem um risco muito maior que outras maiores e consolidadas. Por conta disso, expor-se em demasia a essas empresas pode tornar sua carteira extremamente arrojada, e também muito mais volátil, uma vez que as ações de *Small Caps* via de regra são as que possuem maior volatilidade.

Tendo esses pontos em vista, consideramos que concentrar um portfólio 100% em *Small Caps* não é prudente, e vemos como o ideal uma carteira diversificada, formada com algo em torno de até 20% dessas empresas, sendo que, obviamente, o investidor deve concentrar essa parcela da carteira em ativos de ótima qualidade e *Small Caps* sólidas.

Embora seja possível argumentar que com essa participação o portfólio do investidor naturalmente estará pouco sensível a eventuais "megavalorizações" por parte desses ativos, por outro lado – justamente por *Small Caps* serem mais arriscadas e apresentarem volatilidade bem acima da média –, avaliamos que essa participação estaria adequada: mesmo que o investidor não consiga tornar sua carteira totalmente aderente a um grande movimento de valorização nas *Smalls*, ainda assim poderia se beneficiar bastante, no longo prazo, de um papel que eventualmente venha a se multiplicar por várias vezes.

46) *Small Caps* pagam bons dividendos?

Geralmente, as *Small Caps* são empresas que estão mais focadas no crescimento e, por isso, fazem retenções mais elevadas de seus lucros para destinar a investimentos e expansão.

Portanto, é comum que não paguem muitos dividendos aos seus acionistas e tenham um *Payout* baixo, justamente porque preferem utilizar os seus lucros para reinvestir no próprio negócio, por meio de aquisições, aumento da capacidade e expansão da produtividade, por exemplo.

No entanto, existem, sim, algumas *Small Caps* que pagam dividendos elevados, e que, por terem menor necessidade de investimentos e uma dinâmica diferente de *Capex*, conseguem ter um *Payout* mais elevado, remunerando os investidores de forma atrativa.

Vale lembrar, no entanto, que, por mais que a maioria das *Small Caps* hoje pague poucos dividendos, isso não significa que essas empresas nunca serão boas pagadoras de dividendos. Ou que, no futuro, conforme essas empresas amadureçam e reduzam o ritmo de investimentos e retenção de lucros, elas não possam elevar o *Payout* consideravelmente, aumentando os dividendos e proventos pagos.

ATIVOS INTERNACIONAIS

47) Como investir em ações americanas?

A maior razão para investir no exterior é o fato de poder reduzir a exposição ao risco do Brasil. Você provavelmente tem a sua renda exposta aos riscos domésticos. Portanto, faz sentido você ter uma exposição a ativos que se valorizem quando a economia doméstica sofre.

Geralmente, durante uma crise no Brasil, o que acontece? A Bolsa cai e o dólar sobe. Foi exatamente esse enredo que vimos após a greve dos caminhoneiros em 2018.

E o que acontece com o seu investimento dolarizado? Vamos supor que você tenha ações do McDonald's. Em geral, as ações americanas têm a oscilação própria delas, que é baixa. Mas, como o dólar se valorizou, as suas ações do McDonald's valem mais reais do que antes da valorização do dólar.

Desta forma, investir em moeda forte representa uma importante forma de proteção patrimonial em tempos ruins.

O mesmo ocorre com os dividendos. Se você recebe US$ 100 de dividendos, após a desvalorização cambial seus dólares passam a comprar mais reais. Desta forma, podemos afirmar que, tudo mais constante, os seus dividendos provenientes de ações americanas crescem durante as crises no Brasil.

Acreditamos que todos os investidores deveriam ter pelo menos 10% de seu patrimônio aplicado em ações em moeda forte, como o dólar americano. Esse investimento valoriza quando o resto de sua carteira perde valor. Isso reduz a volatilidade da carteira e também dos dividendos recebidos.

Quais são os caminhos possíveis para se investir em ações americanas?

Você pode comprar ações aqui ou lá fora. No Brasil, você pode adquirir os BDRs por meio da Bolsa brasileira. Você pode, também, comprar ações fora abrindo uma conta em uma corretora americana. O mesmo vale para cotas de fundos de investimento que aplicam no exterior, bem como para cotas do ETF do S&P500, o IVVB11.

48) IVBB11 (ETF) é uma boa forma de se expor ao dólar?

Nós preferimos que os investidores tenham uma exposição ao dólar diretamente por meio de ações de empresas americanas e empresas brasileiras exportadoras.

Dessa forma, o investidor, além de se beneficiar da exposição a uma moeda forte, diversificando o risco de sua carteira e tornando-a menos dependente do mercado interno, ainda conseguirá receber dividendos e participar da valorização desses ativos no longo prazo.

Os dividendos, como costumamos dizer, quando reinvestidos na compra de mais ações e mais ativos, proporcionam um incremento de rentabilidade bastante interessante no longo prazo e ainda geram uma segurança maior ao investidor, já que ele obtém uma renda que pode ser utilizada para imprevistos também – algo que ETFs não proporcionam.

Uma forma mais simples de adquirir ações americanas é por meio dos BDRs, que podem ser comprados via corretoras brasileiras, sem a necessidade de abrir conta em uma corretora estrangeira.

O lado negativo é que, geralmente, para investir em BDRs exige-se um volume financeiro maior, devido ao fato de esses ativos geralmente terem um preço elevado em reais e de o seu mercado fracionário ser muito pouco líquido.

Dessa forma, para quem não possui um volume financeiro suficiente para comprar BDRs, adquirir IVBB11 pode fazer sentido, já que permite se expor às ações americanas e ao dólar, numa carteira bastante diversificada e com um volume financeiro mais baixo.

Já em relação às ações de exportadoras, temos muitas listadas na Bolsa e há várias opções para o investidor comprar, de boas empresas que possuem boa parte de suas receitas atreladas ao dólar, por meio da atividade de exportação.

49) Por que investir em Google ou Facebook, se estas empresas não pagam dividendos?

Apesar de gostarmos bastante de dividendos e os considerarmos uma das mais importantes formas de obter rentabilidade com o investimento em ações no longo prazo, especialmente com o seu reinvestimento, eles não são a única forma de ganhar dinheiro com ações.

Além dos dividendos, o investidor pode ganhar dinheiro em ações pela valorização delas. Geralmente, a valorização de uma ação é uma parte muito representativa da rentabilidade obtida no longo prazo.

No caso de Google e Facebook, embora não paguem dividendos atrativos, são empresas que até aqui, historicamente, valorizaram-se muito acima da média e apresentaram resultados crescentes que enriqueceram muitos investidores ao longo do tempo com a valorização de seus papéis, que foi bastante expressiva.

Para termos uma ideia mais precisa, os BDRs do Facebook, desde o início de 2014, quando custavam cerca de R$ 84, até meados de 2019 se valorizaram mais de 220%, sendo que as cotações chegaram a alcançar cerca de R$ 400 em 2018.

Empresas como Facebook, Google e muitas outras que não pagam ou pagam poucos dividendos costumam fazer retenções de resultados para reinvestir no próprio *business*, adquirindo outras empresas e investindo em suas operações de forma geral. Isso, em muitos casos, garante bons resultados, já que são empresas de elevadas métricas de rentabilidade e conseguem remunerar o capital de forma eficiente.

Sendo assim, apesar de essas empresas não destinarem dividendos aos seus acionistas, elas acabam incrementando de forma relevante seus resultados, aumentando seu patrimônio, o que se reflete também em cotações cada vez maiores.

Além disso, com resultados fortes e uma boa geração de caixa, é bem provável que empresas como Google e Facebook venham a distribuir dividendos no futuro.

50) Quem investe em BDRs recebe dividendos?

Sim, quem investe em BDRs também recebe dividendos. É importante destacar, no entanto, que na maioria dos casos o agente originador do BDR (geralmente bancos estrangeiros) fica com uma comissão de 5% sobre os dividendos, em média.

Além disso, o governo americano tributa dividendos na fonte: sobre o que você recebe, uma parte fica para ele.

É interessante lembrar que existem algumas empresas americanas, as chamadas *Dividend Aristocrats*, que distribuem dividendos crescentes aos seus investidores durante 25 anos seguidos ou mais. Historicamente, investir nessas empresas foi um bom negócio. McDonald's e Johnson & Johnson são dois exemplos de empresas com esse perfil.

51) É possível comprar BDRs no fracionário?

Sim. Para isso, basta o investidor adicionar uma letra F ao final do *Ticker* do BDR em questão. Por exemplo, o *Ticker* padrão do Google é GOGL34. Se o investidor adicionar a letra F ao final desse ativo, então terá acesso ao *book* de ofertas com esse ativo no fracionário.

Deve ser ressaltado, por outro lado, que, se o próprio mercado padrão já oferece uma liquidez baixa, o mercado fracionário possui uma liquidez ainda menor, o que pode dificultar na hora de comprar ou vender esses ativos.

Ao lançar uma ordem de compra ou venda desses ativos no fracionário, é importante ter paciência, para não acabar pagando um preço muito fora do mercado e pouco atrativo.

A boa notícia é que, em fevereiro de 2020, a B3 anunciou a redução do lote padrão de BDR de 100 para 10.

52) Como investir em REITs?

Para investir em REITs é necessário abrir uma conta numa corretora americana que aceite não residentes nos EUA e que negocie esse tipo de ativo. Não existem tantas corretoras grandes e consolidadas que aceitam contas de não residentes, mas, com uma pesquisa mais aprofundada, é possível encontrar.

É fundamental também verificar se a corretora em questão é legal, opera dentro das normas e está devidamente registrada junto à FINRA (*Financial Industry Regulatory Authority*).

Além disso, o investidor pode investir em REITs por meio de

BDRs. No momento da publicação deste livro, já existia o BDR (*Brazilian Depositary Receipt*) do Boston Properties Inc., com *ticker* BOXP34, que podia ser comprado por meio do *Home Broker* das corretoras brasileiras.

Para o futuro, vemos uma tendência de que mais REITs estejam disponíveis em BDRs para investidores brasileiros – o que tende a facilitar essa questão e simplificar o acesso a esse ótimo mercado.

53) É melhor investir em FIIs ou em REITs?

Vemos muito valor nas duas classes de ativos e avaliamos que todo investidor, no longo prazo, deveria ter esses dois perfis de ativos na carteira.

Obviamente que, pela facilidade de compra, a menor necessidade de recursos financeiros e um acesso também mais facilitado a informações, faz muito mais sentido iniciar pelos FIIs. Porém, após a carteira do investidor tomar proporções maiores, no longo prazo, pode ser interessante abrir uma conta em corretora estrangeira e comprar REITs.

Tanto os FIIs quanto os REITs são ativos bastante rentáveis, porém bem menos voláteis. Tendem a incrementar a rentabilidade na carteira, reduzindo a volatilidade, de acordo com estudos já realizados.

No Brasil, por exemplo, o IFIX até 2019 apresentou aproximadamente 1/3 da volatilidade do Ibovespa e, ainda assim, em termos de rentabilidade, teve uma performance muito mais positiva desde a sua criação, em 2012.

Já nos EUA, com uma base histórica muito maior, o movimento surpreende ainda mais. Se analisarmos o NAREIT, historicamente um dos principais índices de REITs do mercado americano, de

1971 a 2011 superou o S&P500, tendo apresentado volatilidade também menor.

Ou seja, tanto FIIs quanto REITs, até aqui, apresentaram performances muito positivas, e vemos uma tendência interessante para esses ativos, que são fortes geradores de caixa e pagam bons rendimentos aos investidores.

Vale lembrar que, apesar das semelhanças, FIIs diferem de REITs em alguns aspectos fundamentais, como, por exemplo, o tamanho da indústria, as estratégias de gestão, a diversificação interna dos fundos, os perfis dos fundos, dentre outros fatores.

Os FIIs apresentam *Yields* mais elevados, possuem portfólios menores, contam com isenção fiscal (até o momento da publicação deste livro), além de possuírem uma gestão, de maneira geral, mais passiva. Por sua vez, os REITs apresentam *Yields* bem menores, não contam com isenção fiscal nos rendimentos e possuem portfólios maiores, com uma gestão mais ativa.

Porém, mesmo com o menor *Yield* e a própria tributação nos REITs – que acabam prejudicando a rentabilidade em termos de dividendos no curto prazo –, a possibilidade de crescimento dos REITS, de forma geral, é maior que a dos fundos imobiliários. Isso ocorre pelo fato de os REITs estarem presentes num mercado mais consolidado e menos volátil, e pelo próprio perfil bastante ativo da gestão, sendo que vários REITs inclusive possuem alavancagem.

Portanto, considerados esses pontos, vemos como atrativo o investidor possuir os dois tipos de ativos na carteira, de forma a reduzir a volatilidade e, ao mesmo tempo, incrementar a rentabilidade e a geração de renda passiva.

OUTRAS MODALIDADES DE INVESTIMENTOS

54) Investir em debêntures incentivadas é uma boa?

Se forem debêntures de empresas sólidas – boas geradoras de caixa e com métricas de endividamento saudáveis – pode ser uma boa opção de investimento para compor uma carteira, sim.

O fato de as debêntures incentivadas garantirem isenção fiscal nos rendimentos aos investidores as torna bastante atrativas e geralmente elas oferecem retornos líquidos muito superiores aos produtos tradicionais e mais básicos de renda fixa, como CDB, LCI, CDB, dentre outros.

É importante, no entanto, o investidor se atentar para a qualidade da empresa em questão, tendo em vista que já existiram inúmeros casos de empresas que se alavancaram de forma exagerada e, por enfrentarem dificuldades em seus negócios, não conseguiram fazer frente aos pagamentos de suas dívidas, resultando em problemas para os investidores de debêntures.

Além disso, é interessante que o investidor saiba bem das características, da classe e das regras específicas das debêntures adquiridas, como garantias, direitos, conversibilidade em ações, dentre outros pontos.

O ideal é que o investidor, ao decidir investir nesses ativos, tente encontrar debêntures de boas empresas, que ofereçam garantias, possibilidade de conversibilidade e, obviamente, tenham taxas atrativas, o que normalmente não é difícil de encontrar em períodos de juros mais elevados.

55) Investir em ETFs é uma boa escolha?

Para aqueles que não conhecem, *Exchange Traded Fund* (ETF) é um título negociável que rastreia um grupo de ações, *commodities* ou títulos, como um fundo de índice. Ao contrário dos fundos tradicionais, um ETF negocia como uma ação comum em uma Bolsa de Valores. Eles experimentam mudanças de preço ao longo do dia, à medida que são comprados e vendidos. Geralmente, têm maior liquidez diária e taxas mais baixas do que fundos de investimentos tradicionais.

Infelizmente, a educação financeira não é um tópico presente na vida da maioria das pessoas. Em virtude disso, inúmeros indivíduos deixam de investir o seu próprio dinheiro e acabam deixando de usufruir o poder dos juros compostos.

Poderiam multiplicar seu patrimônio diversas vezes ao longo da vida, apenas alocando capital no mercado de ações, mas não o fazem, por medo, falta de interesse ou ignorância.

A maioria das pessoas não tem tempo ou vontade de aprender a fundo sobre o mercado de capitais. Por isso, essas pessoas não irão aperfeiçoar seus retornos se mudarem ativamente as posições de seus portfólios.

A solução mais adequada pode ser uma forma de investimento passivo. Os ETFs, devido à sua praticidade, eficiência, diversidade, liquidez elevada e às baixas tarifas, configuram uma boa opção. Por ser um ativo que funciona como um fundo, o investidor pode alocar o seu dinheiro e usufruir dos ganhos das empresas que compõem o ETF.

Por exemplo, se um indivíduo deseja se expor a empresas de tecnologia, pode comprar cotas de um ETF que rastreia empresas do setor, como o Vanguard Information Technology ETF. Com isso, sem que ele tenha que agir, as empresas que compõem seu ETF irão variar de acordo com os pré-requisitos desse ETF.

Warren Buffett foi questionado, durante um encontro de investidores da Berkshire Hathaway, se um investidor médio deveria comprar a Berkshire, investir em um fundo de índice ou contratar um corretor. Buffett respondeu: *"Nós nunca recomendamos comprar ou vender Berkshire. Entre as várias propostas oferecidas a você, se você investir em um fundo de índice de custo baixo – em que você não coloca o dinheiro de uma só vez, mas vai fazendo aportes durante mais de 10 anos –, você se sairá melhor do que 90% das pessoas que começam a investir ao mesmo tempo".*

Isso porque, na maioria das vezes, o principal empecilho para obter bons resultados no longo prazo são as próprias decisões ativas do sujeito que não estudou a fundo as empresas que está comprando, e que acaba comprando e vendendo em momentos errados. Essa não foi a primeira vez que Buffett respondeu algo do tipo.

Em outra sessão de perguntas e respostas, Buffett expôs suas ideias de maneira clara: *"Se você gosta de gastar de seis a oito horas por semana trabalhando em investimentos, faça isso. Se não o fizer, então a melhor opção são fundos de índice. Isso realiza a diversificação entre ativos e te dá tempo, duas coisas muito importantes".*

A indústria de ETFs vem crescendo. Os ETFs observaram seus ativos crescer em média 13% nos últimos anos, e podem continuar crescendo a taxas similares nos próximos anos, mesmo que sejam afetados por crises econômicas temporárias no meio do caminho, que acarretam diminuições momentâneas do crescimento.

E ETF do Ibovespa? Uma parcela grande das empresas que compõem o Ibovespa tem operações baseadas em *commodities* (Vale e Petrobras, por exemplo).

Os preços de *commodities* são cíclicos, passando por altas e baixas ao longo do tempo. Naturalmente, em períodos de alta nos preços, as empresas desses segmentos tendem a se valorizar, e o contrário acontece nos momentos de baixa.

O problema é que, ao comprar um ETF do Ibovespa, você estará indiretamente comprando participações maiores em empresas de *commodities* nos momentos em que as pessoas estão otimistas e vendendo em momentos em que elas estão pessimistas, quando o que maximiza os ganhos é exatamente o oposto.

Por esse motivo, talvez seja mais interessante comprar um ETF que rastreia o S&P500, índice das 500 maiores empresas da Bolsa americana, uma vez que o percentual de empresas cíclicas é bem menor.

56) O que vocês pensam sobre os fundos de ações?

Existem os fundos bons e os fundos ruins.

Há um desafio em relação aos fundos bons: em boa parte deles, o gestor tomou a decisão de fechar o fundo para capitalização. Para quem investiu, ótimo. Mas quem quer investir não consegue mais.

Dos fundos que estão abertos, alguns são bons e outros não valem as taxas de administração e performance que cobram.

Pela nossa experiência, é mais difícil selecionar um gestor que valha a pena do que selecionar uma ação. Este fato, associado com a cobrança de taxas de administração e performance, gera pouco interesse em nós para aplicar em fundos de ações.

Evitamos investir em produtos que tenham taxas embutidas. Preferimos investir diretamente em ações. Nem todos são iguais a nós, reconhecemos. Mas se for investir em fundos, seja megadiligente na seleção dos gestores. E saiba que existem taxas relevantes, que podem impactar o seu patrimônio de maneira significativa ao longo dos anos, sobretudo se você é um investidor de longo prazo.

57) O que acham de fundos multimercado?

Nós, da Suno, particularmente não somos grandes fãs de fundos multimercado. Isso porque esses fundos, em geral, possuem taxas elevadas de administração e, por serem tributados, também acabam oferecendo retornos líquidos pouco atrativos, o que os tornam opções pouco interessantes, considerando também o perfil de risco desses fundos.

Se compararmos os retornos líquidos da maioria dos fundos multimercado no longo prazo, contra o retorno de boas ações e bons fundos imobiliários, de maneira geral os fundos multimercado levam a pior, e também possuem uma volatilidade similar.

Ou seja, os fundos multimercado oferecem maior volatilidade e risco à carteira do investidor, porém, em termos de retornos líquidos, na maior parte dos casos não oferecem resultados muito atrativos.

Reconhecemos que existem fundos multimercado com históricos bastante positivos e, apesar de não sermos adeptos desse perfil de investimento, os bons fundos desse tipo podem ter espaço dentro de uma carteira diversificada, obviamente com uma representatividade pequena.

58) Qual é a opinião de vocês sobre *Private Equity*?

O *Private Equity* é de extrema importância para o mercado de capitais e para a sociedade. Para quem não conhece, *Private Equity* é um fundo de investimento que adquire participações relevantes, em alguns casos se tornando controlador, em empresas de capital fechado, buscando torná-las mais eficientes e ganhar escala para abrir seu capital no futuro ou preparar a sua venda para um *player* estratégico.

Como tudo na vida, existem os bons *Private Equities* e os ruins. Os bons são aqueles que transformam as empresas adquiridas em ativos altamente rentáveis e abrem o capital criando valor aos seus investidores.

Porém, existem alguns fundos de *Private Equity* que adquirem empresas e buscam aumentar a rentabilidade delas com manobras que geram lucro no curto prazo, mas comprometem a lucratividade de longo prazo. Infelizmente, diríamos que esta segunda categoria de *Private Equity* representa a maioria nessa indústria.

Recomendamos tomar cuidado redobrado em participar de IPOs de empresas que tenham sido trazidas à Bolsa por meio de fundos de *Private Equity*.

59) Vale a pena investir em COE?

Não. Em sua maioria, os Certificados de Operações Estruturadas (COEs) que estão se apresentando ao mercado são apenas mecanismos de transferência de riqueza do investidor para as instituições financeiras.

Não estamos dizendo que o COE é ruim por si só. O problema é que a maioria dos COEs que estão vindo ao mercado são operações com taxas embutidas, que drenam o capital do investidor.

Diríamos que 95%, ou mais, das emissões de COEs nos últimos anos se enquadram nesse perfil: um mecanismo de transferência de renda do investidor para as instituições financeiras.

60) O que pensam sobre previdência privada?

Depende um pouco de qual previdência.

Existem empresas que possuem planos de previdência razoavelmente bem geridos. Em alguns casos, a companhia acompanha o empregado na contribuição até certo limite. Por exemplo, se o funcionário contribui com R$ 1 mil, a empresa acompanha com mais R$ 1 mil. Neste caso, acreditamos que valha a pena participar.

Porém, existem planos de previdência que são vendidos por instituições financeiras, os quais não aprovamos. Os planos de PGBL e VGBL oferecidos pela maioria das instituições financeiras possuem altos custos embutidos, provendo ganhos generosos aos bancos, mas apresentando rendimentos sofríveis que mal acompanham a inflação.

Desta forma, preferimos manter distância da maioria dos planos de previdência oferecidos pelas instituições financeiras.

61) Por que não investir em ouro?

Ao contrário de empresas – que são estruturas dinâmicas, em constante busca da criação de valor para os acionistas, e que tendem a crescer no longo prazo, aumentando seus resultados e pagando cada vez mais dividendos – e também ao contrário de fundos imobiliários (que pagam bons rendimentos e também tendem a se valorizar pela apreciação de terrenos e dos imóveis, assim como do próprio crescimento da economia, que passa a demandar cada vez mais espaços como lajes corporativas, galpões industriais e logísticos), o ouro é um ativo que não gera valor, sendo utilizado mais como um mecanismo de *Hedge* e uma proteção de capital.

Warren Buffett, considerado o maior investidor de todos os tempos, tem uma opinião muito própria com relação ao investimento em ouro. O ouro *"é cavado nas terras da África, ou em outro lugar. Então nós o derretemos, cavamos outro buraco,* o enterramos novamente e pagamos uma pessoa para ficar em volta guardando-o. Não tem nenhuma utilidade. Qualquer um assistindo de Marte estaria coçando a cabeça" – disse Buffett em 1998, em um discurso na Universidade de Harvard.

Com essa mensagem, o megainvestidor quis dizer que esse metal não tem uso na prática. Ter a característica de ser raro não significa que o ativo valha como um investimento. Pois investimentos, de modo geral, se caracterizam por ativos produtivos e geradores de fluxo de caixa.

Temos uma visão similar à de Warren Buffett. Na nossa avaliação, o ouro nunca terá a capacidade de entregar no longo prazo o retorno de ativos produtivos e geradores de fluxo de caixa, como empresas ou mesmo imóveis, por exemplo.

É evidente que comprar ouro em momentos de estresse e volatilidade, como crises globais e períodos desafiadores da economia, pode até fazer sentido, já que esse ativo tende a se valorizar nessas condições. Porém, para o longo prazo, não vemos atratividade e racionalidade nesse ativo. Esperar rentabilidades atrativas do ouro para o longo prazo não é prudente.

62) Se tivessem um imóvel, alugariam ou venderiam?

Depende. Se o imóvel em questão estivesse em uma região interessante, onde avaliássemos que houvesse boas perspectivas de valorização, e ele por si só já nos entregasse um *Yield* relativamente atrativo (algo em torno de 6% a 7% ao ano) e, ainda, não estivessem nos oferecendo um preço razoável por ele, em linha com o preço por m² da região, é bem provável que o mantivéssemos.

No entanto, caso surgisse a possibilidade de vendê-lo a um preço atrativo, e este imóvel estivesse nos entregando um retorno em aluguel muito abaixo do que conseguiríamos em ações e fundos imobiliários, certamente venderíamos e direcionaríamos esses recursos para o mercado de renda variável.

Ter um imóvel em geral toma bastante tempo do proprietário, e há muita burocracia envolvida, então a nossa preferência seria realmente a de nos desfazermos desse ativo e realocá-lo em fundos imobiliários e ações.

Porém, isso não quer dizer que não existam boas oportunidades no mercado imobiliário, e certamente, se nós tivéssemos a oportunidade de investir em algum imóvel que nos proporcionasse ganhos acima da média, e boas perspectivas, possivelmente investiríamos.

Como nossa dedicação e foco estão totalmente direcionados ao mercado de renda variável, é bem difícil que consigamos identificar grandes oportunidades no mercado imobiliário, que não é um ambiente ao qual nos dedicamos.

63) Que opinião vocês têm sobre criptomoedas?

Não nos interessamos por esse tipo de ativo. Por quê? Temos interesse por ativos geradores de renda – ou ativos que têm potencial de gerar renda no futuro. Afinal, nosso interesse ao investir é possuir ativos que gerem caixa para fazer frente às nossas principais despesas e ainda sobrar para reinvestir e manter os investimentos em trajetória crescente.

Quais ativos são geradores de renda? Alguns títulos, fundos imobiliários, *Small Caps*, ações de empresas maiores e ações estrangeiras. Investimento em imóveis e empresas fechadas também possuem essas características.

E as criptomoedas, bem como o ouro, o vinho e as obras de arte não são ativos que geram renda. Portanto, não nos interessam.

Além disso, se formos analisar a lista das maiores riquezas do mundo, praticamente todas são oriundas de negócios geradores de renda aos seus investidores.

Se você ainda assim pretende investir neste ativo de caráter meramente especulativo, recomendamos fazer com uma parte bem pequena do seu capital, por conta do alto risco envolvido em criptomoedas.

É possível que o investidor obtenha ganhos expressivos em criptomoedas em algum momento. Porém, deve-se ter em mente que os riscos são extremamente elevados, e a maior probabilidade é a de que o investidor acabe perdendo uma grande parcela do capital investido.

ANÁLISE DE EMPRESAS

64) Quais os principais pontos para uma boa análise de uma ação?

Avaliar uma empresa e decidir se vale a pena investir em suas ações envolve muitos aspectos, que vão desde os mais tangíveis – como a análise de seus números operacionais, margens e outras métricas – até os mais intangíveis, que não aparecem imediatamente nos números, como gestão, governança, entre outros pontos.

O fato é que realizar uma análise antes de investir em ações é fundamental, já que ela permite que o investidor consiga identificar e reconhecer riscos, pontos positivos e oportunidades relacionadas à empresa.

Em nossa visão, alguns dos principais pontos que o investidor deve considerar e avaliar na hora de adquirir uma empresa são:

A. **Histórico de resultados:** apesar de não ser possível afirmar que o passado se repetirá no futuro, empresas com históricos positivos de resultados são grandes candidatas a continuar apresentando resultados atrativos no longo prazo, especialmente quando não ocorreram mudanças estruturais nelas, nem mudanças relevantes em estratégia, segmento e gestão.

B. **Métricas de rentabilidade:** avaliar métricas de rentabilidade também é fundamental, pois empresas que remuneram o patrimônio e o capital investido acima dos pares e da média dos setores geralmente demonstram ser bem remuneradas e eficientes, possuem vantagens competitivas e tendem a entregar resultados acima da média no longo prazo. Se você tem a opção de comprar duas empresas inseridas em um mesmo setor, sendo que uma possui indicadores como ROE e ROIC muito superiores à outra, é bem provável que ela seja um melhor investimento.

C. **Avaliação da saúde financeira da empresa:** investir em empresas saudáveis é fundamental para obter sucesso no mercado no longo prazo. Por isso, o investidor deve buscar empresas que estão com um endividamento controlado e margens saudáveis e, preferencialmente, que não estejam queimando muito caixa com suas operações e investimentos pouco rentáveis.

D. *Valuation*: realizar um *Valuation* é outro aspecto fundamental de uma análise, pois de nada servirá comprar um ativo de uma ótima empresa, se o investidor estiver pagando muito caro. Para realizar o *Valuation*, e ter uma noção mais precisa da precificação daquela empresa, o investidor pode optar pela análise comparativa de múltiplos, geralmente bastante eficiente, ou utilizar o fluxo de caixa descontado.

E. **Gestão:** avaliar a gestão de uma empresa pode não ser uma tarefa tão simples. No entanto, algumas provas de que a empresa possui uma gestão eficiente podem ser obtidas se a empresa realizou historicamente boas alocações de capital (investimentos eficientes e a preços atrativos), opera com margens maiores que a de pares, consegue crescer acima de seus concorrentes, possui um *management* alinhado, com posição acionária na companhia e um bom *Track Record*, no caso de terem vindo de outras empresas.

Além desses pontos, existem outros a que o investidor pode se atentar, como: governança, vantagens competitivas, perenidade do segmento e ciclicidade do setor.

65) Quais os filtros de qualidade para uma empresa?

Existem muitos filtros de qualidade que podem ser utilizados na análise de uma empresa e que podem auxiliar o investidor a decidir se vai investir ou não em uma determinada companhia.

Dentre eles, podemos destacar:

i. Métricas de rentabilidade elevadas;

ii. Margens operacionais acima dos pares;

iii. Vantagens competitivas e barreiras de entrada no segmento;

iv. Gestão com *Track Record* positivo;

v. Histórico de boa alocação de capital;

vi. Eficiência no *Capex*;

vii. Forte geração de caixa; e

viii. Boa política de remuneração aos acionistas.

Empresas que apresentam essas qualidades e esses diferenciais quase sempre elevam de forma considerável as chances de sucesso do investidor no longo prazo e tendem a entregar rentabilidades e retornos diferenciados ao longo do tempo.

66) Onde encontro as informações financeiras de uma empresa?

O melhor lugar para encontrar informações sobre as empresas é em seus *websites* de relações com investidores, onde se consegue ter acesso a inúmeros documentos com informações sobre os resultados e números operacionais, tais como apresentações, *Releases* e demonstrações financeiras.

Um dos principais pontos positivos do nosso mercado, inclusive, é justamente a transparência e a qualidade do material das empresas brasileiras de capital aberto, que disponibilizam muitos dados aos investidores, não apenas referentes aos números operacionais e dados financeiros, mas especialmente em relação a projetos, estratégias ou mesmo dados do setor em que a empresa está inserida.

É evidente que não é tão simples entender e conseguir absorver corretamente o conteúdo das demonstrações financeiras e dos *Releases* das empresas. Porém, no *website* da Suno, temos muitos artigos com abordagem educativa para auxiliar os investidores a entender os *Releases* e as principais linhas divulgadas dentro das demonstrações financeiras das empresas.

Além dos próprios relatórios financeiros divulgados pelas empresas, existem também ferramentas gratuitas interessantes na Internet, como **fundamentus.com.br** e **statusinvest.com.br**, por exemplo, nas quais o investidor pode obter dados financeiros das empresas, além de múltiplos, métricas de rentabilidade, entre outros parâmetros.

67) Os balanços das empresas são auditados?

Sim. De acordo com a Lei das Sociedades Anônimas, as empresas de capital aberto devem respeitar as normas expedidas pela Comissão de Valores Mobiliários (CVM) e são obrigatoriamente submetidas a verificações por auditores independentes nela registrados (Redação dada pela Lei Federal nº 11.941, de 2009).

Sendo assim, todas as empresas são obrigadas a apresentar seus balanços auditados ao final de seus exercícios fiscais. Caso a empresa descumpra essas normas, poderá sofrer punições severas por parte do órgão regulador.

Essa norma visa prioritariamente garantir maior transparência por parte das empresas, de forma a permitir também que os investidores tenham acesso aos dados financeiros adequados disponibilizados pelas empresas, reduzindo as chances de ocorrerem fraudes contábeis ou problemas nesse sentido.

68) Como avaliar se uma empresa gera caixa?

Avaliar a geração de caixa operacional da empresa é importante, tendo em vista que empresas que geram bastante caixa são também as que tendem a remunerar de forma mais constante e atrativa seus investidores.

Além disso, é justamente por meio da geração de caixa das empresas que elas podem pagar suas dívidas, investir no negócio e ainda elevar sua posição de caixa com a retenção de uma parcela dos resultados. Normalmente, empresas que geram muito caixa são as mais saudáveis.

Antes de tudo, é importante lembrar que, apesar de ser frequentemente chamado de "geração de caixa operacional", o EBITDA não retrata exatamente a geração de caixa operacional. Na verdade, o EBITDA é apenas um potencial de geração de caixa, visto que demonstra os resultados contábeis daquele determinado período, mas não a efetiva geração de caixa, que dependerá dos ciclos financeiros, além de possíveis inadimplências.

Para analisar a efetiva geração de caixa da empresa, o investidor deve acessar seus *Releases* trimestrais ou ITRs, que contêm informações detalhadas sobre fluxo de caixa. As empresas de capital aberto são obrigadas, por normas regulatórias, a apresentar essas informações todos os trimestres.

Para avaliar se uma empresa está com uma geração de caixa saudável, e se está sobrando caixa para distribuição aos acionistas ou mesmo elevar sua liquidez (sua posição em caixa), é interessante ver quanto está destinando dessa geração de caixa para investimentos em manutenção e sustentação da operação, e também quanto ela está destinando todos os trimestres para pagamento de dívida.

Normalmente, as empresas informam esses detalhes do fluxo de caixa em seus balanços. Isso pode ser facilmente acessado na linha de fluxo de caixa, dentro dos ITRs, ou, em grande parte das empresas, nos *Releases*. Lá o investidor poderá ver quanto de caixa a empresa efetivamente gerou naquele determinado período, e quanto deste caixa ela destinou para investimentos e pagamento de dívidas, por exemplo.

Geralmente, empresas que demandam muito capital para manutenção da operação e investimentos constantes, ou que estão muito endividadas, geram menos caixa livre e, consequentemente, costumam ser as que menos remuneram os acionistas por meio de dividendos.

Já as companhias que investem preferencialmente abaixo da depreciação, buscando sempre otimizar seus investimentos e torná-los mais eficientes, e também são pouco alavancadas, com uma estrutura de capital mais saudável, são as que mais fazem sobrar caixa aos acionistas. Com esse caixa, podem recomprar ações ou distribuir mais dividendos, aumentando a remuneração do acionista e criando valor para ele.

69) Como calcular o ROE de uma empresa?

Para calcular o ROE, é necessário considerar os lucros dos últimos doze meses. Deve-se proceder assim, pois diversos negócios têm características de sazonalidade. Desta forma, um trimestre pode ser fraco e outro mais forte.

Ao somar os últimos doze meses, você terá uma visão melhor de como é a lucratividade da empresa em um ano, excluindo eventos sazonais.

Quanto a qual PL (Patrimônio Líquido) utilizar, fica a critério de cada investidor. Preferimos utilizar o PL de doze meses antes. Desta forma, conseguimos ver qual rentabilidade sobre o patrimônio inicial um negócio consegue obter.

Vamos exemplificar simulando os seguintes lucros de uma empresa:

1º trimestre: R$ 50 mi.

2º trimestre: R$ 60 mi.

3º trimestre: R$ 40 mi.

4º trimestre: R$ 50 mi.

Lucro total do ano? R$ 200 mi.

Vamos supor os seguintes Patrimônios Líquidos:

Patrimônio Líquido inicial: R$ 1 bi.

Patrimônio Líquido médio: R$ 1,1 bi.

Patrimônio Líquido final: R$ 1,2 bi.

Desta forma, a empresa tem os seguintes ROEs:

ROE sobre PL inicial = 200 / 1.000 = 20%.

ROE sobre PL médio = 200 / 1.100 = 18,2%.

ROE sobre PL final = 200 / 1.200 = 16,6%.

Cada um dos ROEs diz algo diferente sobre a empresa. Cabe ao investidor escolher qual prefere utilizar.

É importante lembrar de, quando for comparar o ROE de empresas, utilizar o mesmo cálculo de ROE para ambas, para que seja possível comparar "banana com banana".

70) Como avaliar a gestão de um negócio?

Essa pergunta merece um livro, pois não é fácil respondê-la em apenas alguns parágrafos. Mas tentaremos. Avaliamos a gestão de duas formas.

A primeira é a operação: essa empresa consegue operar com níveis de rentabilidade superiores aos de seus concorrentes? A empresa tem ganhado participação de mercado?

O segundo ponto que deve ser analisado é o histórico de alocação de capital: onde a empresa tem alocado os recursos de seus lucros? Ela fez bons investimentos? Fez aquisições que criaram valor para seus acionistas?

Basicamente, analisando essas duas frentes, você terá uma visão completa da capacidade daquela gestão em criar valor para os seus acionistas.

71) Vocês acreditam que seja fundamental ler relatórios de casas de análise para investir?

Depende. Se estivermos falando de um investidor que não possui nenhum conhecimento sobre o mercado financeiro, e também não possui tempo para estudar e aprender, então, sem dúvida, seria fundamental.

Agora, mesmo para investidores mais experientes, que possuem mais capacidade de realizar uma análise, além de tempo de acompanhar o mercado, apesar de não ser essencial, ainda assim seria interessante, na medida em que é sempre positivo ter acesso a informações adicionais e também a outras opiniões.

ESTRATÉGIAS

72) O que pensam sobre investir utilizando apenas o método de Décio Bazin?

A estratégia Bazin é interessante e sem dúvida o investidor que utilizá-la deverá obter retornos positivos no longo prazo. Até o momento em que este livro está sendo publicado, se avaliarmos o histórico de simulações utilizando o método Bazin, veremos que essa estratégia foi bastante positiva, e nós mesmos já publicamos algumas simulações nesse sentido.

Porém, utilizar apenas essa estratégia, em nossa avaliação, pode não ser a melhor opção. Isso porque existem várias boas empresas que oferecem um *Dividend Yield* inferior aos 6% exigidos por Décio Bazin, e também com algumas métricas de endividamento acima do que Bazin considerava sustentável, que podem ser grandes oportunidades.

Por exemplo, se considerarmos uma empresa inserida em um setor subpenetrado, com grandes vantagens competitivas, que está apresentando um *Valuation* barato, investindo de forma mais acentuada para acelerar sua expansão e crescimento de resultados, e tendo resultados bastante positivos e crescentes, é natural que essa empresa apresente um *Yield* reduzido, já que tende a possuir um *Payout* baixo.

Dessa forma, o investidor que utiliza apenas o método Bazin pode acabar perdendo grandes oportunidades como essa, que, apesar de não preencherem as exigências de Bazin, podem oferecer ganhos potenciais bem acima da média.

Portanto, nossa sugestão é: utilize o método Bazin como parte de sua estratégia, mas não se baseie apenas nele. Existem inúmeras variáveis a serem analisadas, além de diversos fatores adicionais aos citados por Bazin, que são bastante importantes e enriquecem uma análise. E há muitas empresas que certamente não passariam nos critérios dele e que, ainda assim, são ótimas oportunidades de investimento no longo prazo.

73) O que acham da Fórmula Mágica de Joel Greenblatt?

Sem dúvida, a fórmula de Joel Greenblatt é interessante e faz total sentido utilizá-la como parte da estratégia numa carteira de longo prazo, tendo em vista que ela considera fatores importantes e tende a oferecer uma rentabilidade diferenciada no longo prazo.

Nós já fizemos o *backtest* dessa estratégia no Brasil e os resultados foram surpreendentes em termos positivos. Mas, obviamente, resultados passados não são garantia de resultados futuros. Se tivéssemos que apostar, diríamos que a estratégia dele será vencedora no futuro.

Basicamente, Greenblatt indica comprar bons negócios a bons preços (ROE alto combinado com múltiplos baixos na relação entre preço e lucro da ação), o que deve continuar funcionando para o longo prazo, garantindo retornos acima da média.

Porém, é evidente que o investidor não deve se basear unicamente nessa fórmula, nem em qualquer método único. No entanto, ferramentas e métodos de investimentos com bons *Track Records* e que se mostram eficientes sempre devem ser considerados.

74) Vocês acreditam em análise técnica?

Este é um tema polêmico, pois muitos investidores se envolvem emocionalmente com esta abordagem, o que dificulta o debate racional em torno do assunto.

Vamos para a prática? Entre os maiores investidores do mundo, não existe um que utilize análise técnica em suas decisões. Isso já diz muito sobre a eficácia dessa abordagem.

A análise técnica parte do princípio de que os preços passados influenciam os preços futuros. Já a análise fundamentalista parte do princípio que os fundamentos econômicos das empresas determinam no longo prazo o desempenho de suas ações.

Como as ações são participações em empresas, para nós a análise fundamentalista faz muito mais sentido. O megainvestidor Luiz Barsi chega a afirmar que análise técnica é uma fantasia. Tendemos a concordar.

E por que a análise técnica faz tanto sucesso, sobretudo com os novatos? Por que ela promete algo que a análise fundamentalista não pode prometer: o sonho da riqueza rápida.

Agora, sejamos racionais. Os maiores investidores têm cabelos brancos por quê? Eles demoram décadas para construir um patrimônio em Bolsa. Não é algo que acontece em pouco tempo.

75) Qual é a opinião de vocês sobre *Day Trade*?

Não conhecemos alguém que tenha obtido sucesso com essa abordagem especulativa. E, mesmo se desse certo, o desgaste psicológico e social da atividade de *Day Trade* é imenso.

Quando sua vida financeira depende da próxima cotação, é difícil levar uma vida saudável.

Obviamente, o giro é bom para as corretoras, que são as grandes incentivadoras do *Day Trade*.

Sempre se pergunte: quem é o exemplo de sucesso dessa estratégia? Quando vemos a lista dos maiores investidores da Bolsa e notamos que ninguém faz *Day Trade*, parece que já temos uma boa noção da capacidade dessa estratégia de criar riqueza.

Quem são os heróis da Bolsa? Warren Buffett e Luiz Barsi não vivem de *Day Trade*, são investidores de longo prazo. É neles que você deve se inspirar.

76) Vocês usam *Stop Loss* ou *Stop Gain* em suas ordens?

Não. Gostamos de sempre observar os investidores de sucesso e não existe registro de que grandes investidores de sucesso, como Luiz Barsi ou Warren Buffett, utilizem o mecanismo automático de *Stop*. Pelo contrário: eles compram ativos em momentos de pânico.

Um artigo publicado por Warren Buffett no *New York Times*, no auge da crise de 2008, ilustra muito bem o comportamento desses investidores em momentos de crise ou mesmo nos momentos de pessimismo, quando as ações se desvalorizam e muitos *Stops* são acionados.

Nesse artigo, vemos que Warren Buffett, no momento de maior pânico da crise imobiliária americana, estava comprando ações e incentivando investidores a fazer o mesmo, e não acionando *Stops* ou se colocando numa postura defensiva.

Bem pelo contrário, é muito provável que ele estivesse, naquele momento, comprando de muitos que estavam sendo "stopados", com suas ordens de *Stops* sendo acionadas.

Se avaliarmos ainda o comportamento de Barsi, veremos algo similar. Na crise de 2008, Barsi estava comprando, e bastante. Nos momentos de queda em geral, em vez de configurar *Stops* para se proteger da queda, Barsi costuma comprar com intensidade, aproveitando os descontos desencadeados pelos operadores assustados.

Em 2017, no chamado "Joesley Day", quando a Bolsa ativou o *Circuit Breaker*, muitos *Stops* estavam sendo disparados, e muitos especuladores e investidores vendiam suas ações desesperadamente, a qualquer custo e desencadeando um verdadeiro efeito dominó de *Stops*.

Barsi, por outro lado, novamente estava comprando forte, e naqueles dias adquiriu muitas ações a preços bastante atrativos, inclusive papéis como os da Vale, pelos quais chegou a pagar menos de R$ 25 naquela ocasião.

Temos exatamente esta impressão: quem usa *Stop* acaba vendendo para os "Buffetts" e "Barsis" do mundo. Cremos que não seja uma estratégia vencedora ser a contraparte dos negócios desses investidores.

77) Vocês operam *Short* (vendido)?

Não. Até que seríamos bem-sucedidos em alguns casos se tivéssemos feito isso. Fomos os primeiros a alertar sobre fragilidades nos balanços da Petrobras e PDG no passado – estas análises foram expostas no *Infomoney*. Mas então por que não operamos *Short*? Simples: os riscos não são proporcionais aos ganhos. E erros de análise acontecem.

Se você erra em uma posição *Short*, o céu é o limite. Uma ação pode se multiplicar por 100 vezes. Às vezes até mais. E se você acerta, o máximo que você pode ganhar é 100% da sua posição *Short*. Portanto, é uma relação desequilibrada: se der tudo certo, você ganha 100% e, se der errado, tem perdas ilimitadas.

Além disso, por mais que você esteja certo em sua análise, pode demorar anos para que sua tese se confirme. Esses fatores somados nos desestimulam a operar vendidos.

78) Vocês acreditam na técnica do *Long Short*?

Não é que não acreditemos, mas não achamos que seja importante o investidor fazer este tipo de operação.

Primeiramente, isso aumenta a complexidade da gestão do patrimônio: aumenta o giro da carteira e, consequentemente, o pagamento de corretagem e imposto. E também aumenta o controle necessário dos investimentos e pagamento de impostos.

Isso sem falar que, com essa operação, como o lado *Short* (vendido) pode levar a perdas, é preciso acompanhar muito mais o mercado por conta disso, o que tem efeitos negativos na vida social do investidor.

Quer aplicar na Bolsa com menos volatilidade? Então invista um percentual menor de seu patrimônio em renda variável. Recomendamos fazer isso, ao invés de *Long Short*.

Outro risco do *Long Short* é que a ponta vendida pode subir bem mais que a ponta comprada, o que pode acarretar prejuízos ilimitados. Portanto, *Long Short* não tem espaço numa carteira previdenciária.

79) Vocês fazem *Hedge* das suas carteiras com derivativos?

Não. Fazer *Hedge* (comprar opções de venda) custa dinheiro. É como um seguro: tem um custo. E este custo geralmente é maior que a probabilidade de você precisar usar. Como você acha que a indústria de seguros oferece tanto lucro? Cobram um prêmio sobre a probabilidade de você precisar daquele seguro.

Com *Hedge* não é diferente. Existem diversos estudos acadêmicos que mostram que é caro fazer seguro no mercado de capitais.

É importante lembrar que, para o investidor de longo prazo, não faz muito sentido investir em *Hedge*, pois no longo prazo os mercados têm tendências de alta. Então, aquele que compra seguro está gastando dinheiro em algo de que não vai precisar.

No momento em que escrevemos, o Dow Jones e o Ibovespa operam próximos da máxima histórica, o que demonstra que quem comprou seguro não precisou das opções.

80) O que vocês pensam sobre a estratégia de comprar ações com desconto usando opções?

Primeiramente, expor-se com opção em um determinado ativo não é comprar ações com desconto. Não é porque a opção tem um preço menor que se trata do mesmo produto. Opção é um derivativo, ação é uma participação em um negócio.

Desta forma, se você quer comprar ações, mas não tem dinheiro para comprar um lote, acesse o mercado fracionário. Desconsidere o mercado de derivativos.

Além disso, converse com outros investidores experientes. Isso ajuda muito na sua evolução.

81) Qual é a opinião de vocês sobre *Covered Call*?

Para quem não conhece, *Covered Call* é uma operação de venda de opção de compra de um ativo que você possui. Não somos contra.

Vale a pena se for dentro de uma estrutura tributária favorável ao investidor, como um fundo de investimento ou clube de investimentos. É preciso ter alguns milhões de reais investidos para fazer sentido possuir uma estrutura como essa.

Se você não tem esta estrutura, pagará muito imposto e também correrá risco de se perder organizacionalmente. Portanto, só recomendamos a operação de *Covered Call* para investidores sofisticados que possuem clube ou fundo.

Se você não possui, não tem problema. Não é isso que irá determinar o seu sucesso como investidor. Bons investidores, como Warren Buffett, não utilizam essa operação.

INSTRUÇÃO FORMAL E INFORMAL

82) Vocês tiveram mentores?

Não no sentido tradicional (quando alguém se reúne de tempos em tempos com alguém com mais experiência).

Somos da primeira geração que foi criada utilizando a Internet como ferramenta de informação. E sempre tivemos muito acesso a informações provenientes de pessoas que admiramos, como Warren Buffett e Charlie Munger. Mesmo sem nunca os conhecer pessoalmente, aprendemos muito com eles. Algo que teria sido mais difícil se a Internet não existisse.

Portanto, se você tem acesso ao Google, YouTube, Amazon, Wikipedia e Twitter, está muito bem servido e talvez não precise de mentores, como nós não precisamos.

Não existe justificativa para não prosperar em sua área. O conhecimento está disponível para todos, basta ir atrás.

83) Para o investidor, seria bom ter alguma certificação (como CPA)?

Não acreditamos que as certificações auxiliem o investidor a prosperar. Isso não significa que elas atrapalham. É indiferente.

Quer prosperar como investidor? Leia, leia e leia. Existem livros muito bons, que proporcionam muita informação rica ao investidor.

84) Fazer um MBA no exterior vale a pena?

Geralmente, sim. Dentro de um mercado de trabalho cada vez

mais competitivo e que exige qualificação, conhecimento e experiência crescentes de seus colaboradores e funcionários, títulos como MBA – especialmente quando obtidos em instituições renomadas no exterior – sem dúvida acrescentam muito ao currículo de qualquer pessoa.

Além disso, o próprio conhecimento adicional obtido com cursos como esses, somado a fatores como a experiência de sair do país, expandir o *networking*, praticar ou aprender uma nova língua, conta bastante a favor para quem pretende se destacar para obter maiores chances de sucesso no mercado de trabalho, dentro de sua carreira profissional.

É evidente que existem áreas em que um título de MBA, especialmente no exterior, faz uma diferença ainda maior, como, por exemplo, administração. Porém, de um modo geral, essa experiência e formação tendem, sim, a acrescentar bastante para qualquer profissional.

85) Quais os melhores filmes sobre investimentos?

Existem vários filmes, séries e documentários cujo assunto permeia o mercado financeiro. Selecionamos alguns que julgamos importantes para agregar conhecimento ao leitor.

Produzido por Ted Braun, o documentário disponível na Netflix *Betting on Zero* trata da polêmica envolvendo a empresa Herbalife e mostra o posicionamento contrário dos megainvestidores Carl Icahn e Bill Ackman.

O documentário retrata casos de imigrantes distribuidores de produtos da marca, cuja busca por retornos altos não teve um final feliz. Conta ainda com participação do investidor Bill Ackman, que explica seu posicionamento contrário à empresa, alegando haver uma fraude que levará a Herbalife a um colapso.

Os executivos da empresa e um de seus acionistas majoritários, Carl Icahn, não quiseram participar. Contudo, o documentário apresenta gravações e pronunciamentos que eles fizeram publicamente.

É um documentário que vale a pena assistir, para perceber como dois grandes investidores podem se posicionar de forma diferente sobre um mesmo assunto, para aprender alguns conceitos da Bolsa de Valores – como o *Short Selling* – e, finalmente, para ver diversos casos em que as promessas de altos retornos fizeram vítimas entre os mais despreparados.

O documentário *Becoming Warren Buffett* ("Como ser Warren Buffett", em português) trata um pouco sobre a vida desse investidor que pode ser considerado o papa do *Value Investing*.

Não se trata de um documentário sobre os métodos de investimento do "Oráculo de Omaha", e sim sobre a vida de Buffett, desde a infância, mostrando um pouco de seu vício por números, sua rotina simples e dedicada, e o funcionamento de sua empresa Berkshire Hathaway.

A obra descreve bem a trajetória profissional e pessoal de Warren Buffett e mostra um lado seu que talvez poucos conheçam, mas é extremamente relevante, que é a sua relação com a filantropia, sendo a pessoa que realizou a maior doação da história.

Recomendamos que assistam a esse documentário justamente por se tratar de uma produção muito bem-feita sobre a vida do investidor que é um exemplo a ser seguido em todos os aspectos, por todo mundo que se interessa por investimentos.

O filme de 2015 *A Grande Aposta*, estrelado por nomes como Christian Bale, Steve Carell, Ryan Gosling e Brad Pitt, trata a crise financeira de 2008 sob a ótica de alguns investidores que conseguiram antevê-la e lucraram em cima disso.

Inspirado numa história real, é um filme que explica como um grupo de investidores conseguiu prever a crise que estava por vir, apostando por meio de derivativos contra ativos relacionados ao setor imobiliário americano.

Ademais, de forma leve e descontraída, o filme explica alguns termos e conceitos do mercado financeiro com analogias do cotidiano, fáceis de entender. O filme está disponível para assistir na Netflix.

Lançado em 2011, o filme *Moneyball: o Homem que Mudou o Jogo*, estrelado por Brad Pitt, discorre sobre a história de um gerente de um time de *baseball* que, junto com seu assistente, faz uso de análises estatísticas dos jogadores para contratá-los.

O que chama a atenção é o método utilizado pelo gerente do time para analisar as potenciais contratações, que permite enxergar números que muitos não viam e contratar bons jogadores que estavam subvalorizados.

Recomendamos esse filme pela relação que esse método tem com os conceitos do investimento em valor. Apesar das limitações financeiras do time de *baseball*, o gerente conseguiu contratar bons jogadores desvalorizados e obter resultados surpreendentes.

O filme *Fome de Poder*, estrelado por Michael Keaton, conta a história da criação e ascensão do McDonald's pelo ponto de vista do empresário Ray Kroc, e não dos irmãos McDonald.

A ascensão de uma pequena lanchonete familiar até se tornar uma das maiores e mais conhecidas redes de *fast-food* do mundo ocorreu devido ao excelente modelo de gestão de Ray Kroc.

Esse filme pertence a esta lista por mostrar como um gestor competente e visionário cria valor para os seus acionistas. Ray Kroc criou a maior empresa de restaurantes do mundo em valor de mercado, e as ações da sua empresa seguem se valorizando por décadas.

Já o documentário *The Lost Interview: Steve Jobs*, disponível na Netflix, trata de diversos aspectos relacionados à vida profissional de Steve Jobs, e principalmente da Apple. A entrevista passa por vários aspectos importantes para o investidor, como gestão de pessoas, criação e desenvolvimento de produtos, marketing, inovação, competição, entre outros.

Apesar de não tratar diretamente do mercado de ações, no final do dia, quem cria valor são as empresas e as pessoas. Portanto, recomendamos fortemente que assistam a esse documentário para entender melhor o modelo mental do fundador da empresa mais valiosa do mundo.

86) Quais livros indicam para quem está começando?

Depende do que nível em que você se encontra. Se você ainda não tem as contas em ordem, e mal consegue poupar no final do mês, nossa recomendação é que você foque na leitura de livros sobre finanças pessoais.

Um excelente livro é *Pai Rico, Pai Pobre*, de Robert Kiyosaki. Outro autor que indicamos para quem precisa organizar as finanças é Gustavo Cerbasi.

Agora, se você já está com as contas em dia e quer dar os primeiros passos em seus investimentos, os livros que recomendamos são outros.

O *Guia Suno Dividendos*, escrito por Tiago Reis e Jean Tosetto, é uma obra que ensina como formatar uma carteira geradora de dividendos por meio de ativos de renda variável.

Outro livro indicado para aqueles que buscam dar os primeiros passos em investimentos é *Faça Fortuna com Ações*, de Décio Bazin. Também recomendamos *Bola de Neve*, biografia do megainvestidor Warren Buffett.

Obviamente, existem muitos outros livros que poderiam ser citados, mas ler essas obras é um excelente início.

87) É preciso ter conhecimento técnico para compreender a série Guia Suno?

Não. A série de livros Guia Suno é direcionada justamente para aqueles que estão começando sua jornada como investidores.

Observamos que 99% dos brasileiros não investem em Bolsa, e muito disso ocorre em função do pouco material destinado a estas pessoas. A série Guia Suno se destina a elas ou àqueles que já investem, mas ainda são iniciantes.

Até o momento em que a versão impressa deste livro foi lançada, foram publicados em papel três volumes dessa série. O *Guia Suno Dividendos* é destinado àqueles que querem entender como escolher ativos que geram renda e formatar uma carteira geradora de dividendos. O *Guia Suno de Contabilidade para Investidores* tem como público-alvo quem deseja compreender a leitura de balanços de empresas. E o *Guia Suno Fundos Imobiliários*, escrito pelos brilhantes Marcos Baroni e Danilo Bastos, está direcionado para aqueles que querem investir e se aprofundar em fundos imobiliários.

O próximo da lista, já disponível no formato *ebook*, é o *Guia Suno Small Caps*, que visa auxiliar o investidor individual em sua busca pelas empresas menores, que oferecem as maiores possibilidades de crescimento acelerado na Bolsa de Valores.

Na sequência, temos em pauta o *Guia Suno Fundos de Investimen-*

tos, para atender a uma demanda crescente de investidores que estão migrando da renda fixa para a renda variável, mas ainda possuem receio de investir diretamente em ações.

Certamente, iremos escrever mais livros para essa série, que é um sucesso de vendas e avaliações dos leitores.

88) O que vocês pensam sobre o escritor Nassim Nicholas Taleb?

Vemos como pouco úteis seus ensinamentos aos investidores. Taleb preconiza o uso intenso de derivativos para alavancar ganhos e proteção de patrimônio, mas fala pouco sobre os custos que os derivativos representam.

Sinceramente? Na lista dos maiores investidores do mundo são poucos que utilizam derivativos, menos ainda do jeito defendido por Taleb.

Se você quer ter sucesso investindo, inspire-se naqueles que realmente tiveram sucesso na Bolsa, como Luiz Barsi e Warren Buffett. Taleb até escreve bem, mas seus ensinamentos são pouco úteis para o investidor que deseja prosperar.

89) De qual autor vocês recomendam ler todas as obras?

Aswath Damodaran, o papa do *Valuation*. Gostamos do Damodaran, pois para fazer um bom *Valuation* é preciso ter uma visão 360 graus.

Para entender de *Valuation* você precisará compreender aspectos muito mais amplos do que simplesmente *Valuation*, pois necessitará adotar premissas que derivam de conhecimentos maiores que apenas números numa planilha.

Você também precisará entender de gestão, estratégia, ambiente competitivo, regulatório, marketing, distribuição, entre outros aspectos.

Portanto, leia Aswath Damodaran. Existem diversos livros dele, alguns mais básicos e outros mais avançados. Comece pelo *The Little Book of Valuation* e depois estude os mais avançados.

90) Quais fontes de informação vocês consomem?

Começamos o dia lendo as notícias nos aplicativos de *Bloomberg*, *Financial Times* e *Wall Street Journal*. A revista *The Economist* é semanal, mas também é uma boa fonte de informações.

Em português, lemos o que a equipe da Suno produz para o Suno Call e Morning Call. Não é porque é nosso, não, mas não sabemos de nada melhor para acompanhar o que acontece com as empresas listadas do que esse material.

Agora, tão importante quanto o que você lê, é o que você evita ler. Evite fontes de informação sensacionalistas, que proliferaram na Internet. Evite *sites* pouco confiáveis.

Ler todos esses materiais vai te dar uma vantagem competitiva? Não. Esses materiais só vão ajudar você a estar no mesmo nível dos demais investidores. Se você quer ir além, terá de ler muito mais, principalmente a respeito das empresas. Leia tudo que existe nos *sites* de relações com investidores.

Também converse com outros investidores. Converse com pessoas envolvidas na cadeia produtiva daquela empresa. Assim, você terá uma vantagem competitiva em relação aos demais investidores.

91) Tiago, qual seu maior erro? E o que aprendeu com ele?

Comprar ações de uma incorporadora chamada Helbor. Foi uma mistura de erro de análise, algo que infelizmente ocorre, com uma conjuntura econômica extremamente desfavorável.

O erro foi investir numa empresa que não gerava caixa, pois vendia a prazo e tinha saídas imediatas de caixa para a construção. A empresa até tinha lucro nas vendas antecipadas, mas na entrega das chaves diversos compradores pediam o dinheiro de volta e cancelavam a aquisição do imóvel.

E a empresa ficava com mercadoria encalhada durante uma das piores crises da história do Brasil. Para piorar, boa parte dos empreendimentos foram desenvolvidos utilizando dívidas.

Lição: investir apenas em ativos geradores de caixa.

IDADE E CARREIRA

92) Qual conselho vocês dariam para um universitário que queira seguir carreira no mercado financeiro?

Daríamos alguns conselhos. O primeiro seria se aprofundar em finanças. Não basta estudar o que é ensinado na sala de aula.

O segundo seria escolher muito bem onde você quer trabalhar. Veja a reputação da instituição. Avalie se sua cultura tem a ver com os valores em que você acredita.

Não analise apenas os resultados financeiros ou os bônus que seus funcionários recebem. Existem diversas instituições que pagavam bônus milionários e depois foram pegas em escândalos corporativos.

O terceiro conselho: ofereça algo em troca. Não peça apenas um emprego. Analise o que você acredita que falta naquela instituição na qual busca trabalhar e, se for preciso, se disponibilize para atuar voluntariamente para aprimorar tal aspecto.

Já contratamos diversas pessoas assim: o indivíduo encontrou alguma oportunidade de melhoria em nossa organização, e começou um trabalho voluntário em torno desta oportunidade. Em um mês ou dois acabamos contratando, se o serviço for bem feito.

93) A profissão de analista ainda é promissora?

Sim. Existe espaço nos bancos de investimento, nas corretoras, nos fundos de investimento e em casas de análise, como a Suno. É uma profissão que tende a crescer com o mercado de capitais, que ainda é pequeno no Brasil.

Não diríamos que é a profissão do futuro, mas é uma profissão com um futuro promissor. Além da remuneração, que costuma ser acima da média, o nível intelectual das pessoas com quem você convive é bem alto, o que é gratificante.

94) O que fariam se tivessem 18 anos de idade?

Temos algumas sugestões aos jovens.

Primeiramente, invista em você. O que queremos dizer com isso? Invista em conhecimento. Hoje em dia, existe muito conhecimento gratuito e de qualidade na Internet. Portanto, não existe justificativa para não aprender.

Segundo ponto: empreenda. Busque criar fontes de renda que permitam acelerar seus ganhos.

Terceiro: comece a investir. Mesmo que seja com pouco. O ato de investir vai disciplina-lo a poupar e ganhar o conhecimento para poder investir com mais confiança quando tiver renda maior.

95) Tenho 23 anos. O que vocês acham de investir 100% em ações?

Essa é sempre uma pergunta delicada, já que a resposta para ela depende bastante do perfil de risco – e tolerância ao risco – de cada um.

Conhecemos investidores que se sentem totalmente tranquilos possuindo uma carteira 100% focada em renda variável, e outros que ficam nervosos com 20% da carteira em ações.

De fato, não é legal você perder o sono por conta de uma exposição excessiva em renda variável, e o interessante é reconhecer isso antes de ter essa exposição, justamente para não ficar numa situação desconfortável e até perder dinheiro tendo que vender a qualquer custo para reajustar a carteira.

Pensamos que ter uma carteira 100% em ações não é interessante, pois você acaba tornando sua carteira muito volátil e perdendo a oportunidade de se beneficiar de ativos também bastante rentáveis e que pagam muitos proventos, como os fundos imobiliários, por exemplo. Ativos estes que reduzem a volatilidade total da carteira e contribuem para a geração de renda passiva e rentabilidade.

Em nossa opinião, uma carteira ideal deveria ter uma boa parte em ações, outra boa parte em fundos imobiliários e uma pequena parcela de renda fixa, justamente para aproveitar as crises e os cenários de volatilidade que eventualmente surgirão. Porém, novamente ressaltamos que a melhor carteira é aquela que mais se encaixa no seu perfil e só você mesmo para identificar qual será a sua carteira ideal.

96) Qual conselho dariam para alguém de 31 anos pensando em investir?

Comece a investir o quanto antes. Não que 31 anos representem uma idade avançada. Não entenda desta forma. Porém, é uma boa idade para começar a se planejar. Quanto mais cedo você iniciar o seu planejamento, mais cedo irá colher os frutos dos seus investimentos.

Nossa sugestão é que você foque seus investimentos na renda variável. Por quê?

A renda variável (ações e fundos imobiliários) apresenta historicamente um rendimento superior às alternativas de renda fixa, e desta forma você poderá capturar a rentabilidade que esse investimento propicia.

Como você tem décadas de investimento pela frente, o investimento em renda variável é compatível com seu horizonte de investimento.

Obviamente, a recomendação é que você diversifique. Invista em ativos de correlação baixa entre si, como ações nacionais, estrangeiras e fundos imobiliários.

97) É muito tarde para começar a investir com 46 anos de idade?

Lógico que não. Se você está com essa idade, tem praticamente vinte anos de contribuição pela frente, caso queira se aposentar com 65 anos, que é a idade média de aposentadoria no Brasil. Em 19 anos dá para fazer muita coisa.

Além disso, quais são as opções? Depender do INSS e receber praticamente uma miséria? Ou depender dos filhos na velhice? Portanto, é preciso agir o quanto antes. Quando mais cedo você investir, maior será o efeito positivo dos juros compostos sobre seus investimentos.

Existem várias planilhas que simulam o patrimônio que você teria aplicando mensalmente em ativos financeiros após alguns anos. Nós, da Suno, temos uma planilha dessas em nossa área de assinantes. Recomendamos que você faça esse exercício e veja, com os próprios olhos, que é possível alcançar a independência financeira por meio de investimentos.

Obviamente, isso exige um esforço de sua parte, sobretudo no que se refere à capacidade de poupar.

98) Com qual idade vocês pretendem começar a realizar vendas de suas ações?

Não pretendemos vender nossas ações. Investimos para, de preferência, carregar as ações para o resto da vida e usufruir apenas de seus dividendos.

Essa ideia de que em algum momento da vida, especialmente com uma idade mais avançada, o investidor deve vender suas ações para, além de adequar o perfil de risco da sua carteira à sua idade, também embolsar os lucros e passar a usufruir deles, é algo de que nós, da Suno, discordamos plenamente.

Afinal de contas, o investidor que possui ações e fundos imobiliários numa carteira previdenciária diversificada em algum momento terá um fluxo basicamente interminável de dividendos, que proporcionarão o custeio de suas despesas, sem nenhuma necessidade de vender seus papéis para isso.

Dessa forma, para que vender as ações e embolsar os lucros, se são os dividendos que o investidor deve utilizar para complementar sua aposentadoria?

É claro que, se as empresas que carregamos na carteira vierem a se deteriorar, passando por dificuldades severas, em uma situação que consideremos de fato perigosa, poderemos, sim, vender as ações, mas não em outros casos.

Além disso, se o investidor vender suas ações e direcionar seu patrimônio acumulado para a renda fixa, e assim passar a viver dos juros dessa aplicação, a inflação passará a corroer de forma constante tanto o seu patrimônio acumulado, quanto a própria renda, que, inclusive, pode também ser reduzida com cortes nos juros.

Ao contrário dos juros proporcionados pela renda fixa, que não crescem, não são protegidos e dependem diretamente das taxas básicas de juros, as empresas e os imóveis (ações e FIIs) tendem a apresentar dividendos crescentes, corrigindo o poder de compra dos dividendos do investidor. Isso ocorre à medida que as empresas crescem e reajustam os preços de seus produtos e serviços ou, no caso dos imóveis, à medida que os preços dos aluguéis se tornam mais elevados e também são reajustados pela inflação.

Por fim, vale destacar que a isenção para venda de ações é de até R$ 20 mil por mês (até o momento da publicação deste livro) e, caso o investidor decida vender valores maiores que estes em ações, provavelmente deverá pagar impostos elevados.

99) Podem dar uma dica para gerar renda extra?

Uma das formas que avaliamos como mais interessantes para gerar renda extra é por meio do empreendedorismo, que pode ser adotado por qualquer pessoa e com baixos investimentos. Mesmo alguém que já tenha um emprego, que lhe consuma um bom tempo todos os dias, pode empreender e gerar renda extra.

Se você trabalha de segunda a sexta, por exemplo, mas têm livres os finais de semana, talvez utilizar esse período para se dedicar a outra atividade possa ser interessante.

Agora você deve estar se perguntando: "Onde empreender?". Respondemos: depende do seu perfil. Existem pessoas que começaram vendendo hambúrgueres na praia para fazer renda extra e hoje são donos de redes de hamburguerias.

Também já vimos casos de pessoas que iniciaram um empreendimento vendendo caixinhas para guardar chá, pela Internet, anunciando pelas redes sociais, por exemplo, e conseguiram bastante sucesso. Qualquer um poderia pensar que vender um produto como esse não daria certo e nem haveria demanda, mas funcionou muito bem e hoje a maior renda dessa pessoa é proveniente dessa atividade.

Há também casos de estudantes que, para conseguir custear suas despesas, passaram a vender doces para seus colegas de faculdade e amigos e, com isso, conseguiram renda suficiente para ajudar em suas despesas mensalmente e até começar a poupar.

O fato é que existem inúmeras oportunidades por aí, e nossa sugestão para quem quer começar a gerar renda extra é identificar o segmento e a atuação que mais lhe agradam e começar.

Todo mundo com certeza pode começar a empreender do zero e, com isso, gerar renda extra, que auxiliará nos investimentos.

INDEPENDÊNCIA FINANCEIRA

100) Como acelerar a liberdade financeira?

Não existe segredo. Para alcançar a liberdade financeira, e receber renda passiva suficiente para cobrir suas despesas, é preciso economizar e investir com inteligência, para assim ter ativos que te proporcionem a renda almejada. Portanto, você tem duas frentes para atuar: a contenção de gastos e o aumento das suas receitas.

Sempre preferimos atuar aumentando a nossa própria renda do que cortando gastos. No limite, se você só cortar gastos, virará um morador de rua. Estamos exagerando, mas não queremos abrir mão de viajar ou jantar fora, de vez em quando.

E, se não queremos abrir mão disso e mesmo assim fazer sobrar, só existe uma solução: aumentar a renda. Destacaríamos a criação de projetos que gerem renda, como os empreendedores bem-sucedidos fazem.

Daí vai um pouco do conhecimento de cada um e de suas aptidões. Por exemplo, amamos finanças e investimentos. E podemos criar um livro, como este que escrevemos, e assim aumentar um pouco a nossa renda.

Escrever um livro é um caminho para você? Pode ser ou não. Nossa ideia aqui é apenas abrir a sua mente a novas ideias de como criar uma renda adicional, ao mesmo tempo em que cria valor como contraparte.

Certamente, quem ler este livro vai adquirir conhecimentos muito mais valiosos do que o valor pago por ele, e todo mundo ganha: nós e você, leitor.

101) Afinal de contas, viver de dividendos é possível, mesmo para quem não é rico?

Não temos a menor dúvida de que isso é possível, embora ainda se fale muito por aí que é uma ilusão ou inviável.

Alguns argumentam que viver de dividendos é uma ilusão, ou algo reservado para os extremamente ricos, pois as ações, em geral, *"pagam dividendos baixos"*, e para obter uma renda razoável seriam necessários milhões.

Já lemos artigos na Internet falando isso e sentimos uma tremenda decepção, pois geralmente quem afirma isso parece não ter o menor conhecimento do mercado de capitais.

Isso porque existem muitas ações por aí, de setores perenes, com elevadas métricas de rentabilidade e forte geração de caixa, que negociam com *Yields* de mais de 7% ou 8%. Em alguns casos, até mais de 10%.

Na prática, com R$ 100 mil investidos numa carteira com ativos que negociam num *Yield* médio de 8,5%, o investidor já conseguiria obter uma renda mensal de aproximadamente R$ 708, o que já representa por si só cerca de dois terços do salário mínimo de 2020, que é o valor que sustenta uma grande parcela da população.

Além disso, quem afirma que não dá para viver de dividendos geralmente desconhece que as ações tendem a elevar suas distribuições de dividendos no longo prazo, à medida que os lucros das empresas crescem – o que torna os dividendos de hoje pequenos perto do que eles poderão ser no futuro.

Ademais, lembremos também dos fundos imobiliários, que são ativos com lastro imobiliário, e que chegam a entregar *Yields* que variam de 6% até mais de 10% ao ano em dividendos.

Há ainda aqueles que dizem que viver de dividendos é uma ilusão, pois nunca ouviram falar de uma pessoa que viva disso ou jamais conheceram alguém nessa condição.

Apesar de realmente não ser fácil encontrar alguém que vive de dividendos, isso se deve muito mais à falta de costume e hábito do brasileiro de investir no mercado de renda variável do que propriamente à impossibilidade de alguém chegar a esse nível.

Com disciplina de ir acumulando cada vez mais papéis todos os meses com as suas economias, como ações de boas empresas, que geram bastante caixa e pagam bons dividendos, e também fundos imobiliários, especialmente se concentrando nos ativos mais competitivos e nos fundos mais bem geridos, é muito provável que qualquer um consiga obter uma renda robusta em dividendos no longo prazo, capaz de proporcionar uma aposentadoria digna ou, no mínimo, gerar uma boa complementação de renda na aposentadoria.

É evidente que chegar a esse nível não é fácil e nem rápido, exigindo muita disciplina e paciência. Geralmente, leva mais do que uma década para chegar a esse patamar. Porém, quando alguém chega lá, podemos afirmar que é extremamente recompensador e satisfatório.

Alguns argumentam que, se for para esperar tanto tempo, então é melhor gastar mesmo. Porém, a verdade é que o tempo vai passar de um jeito ou de outro, e o que é melhor? Atingir uma idade mais avançada com um belo patrimônio e uma boa geração de renda passiva, podendo ficar tranquilo numa idade em que a tranquilidade mais se faz necessária, ou chegar a essa idade com *"uma mão na frente, outra atrás",* tendo que depender da ajuda de terceiros ou do frágil sistema do INSS?

Além disso, é importante ter em mente que, para atingir esse patamar, no longo prazo, não é necessário ser extremista nas economias.

Reservar cerca de 10% a 20% dos seus ganhos todo mês para a Bolsa de Valores já será o suficiente para o investidor iniciar sua carteira previdenciária e garantir uma bela geração de renda passiva no futuro.

Ou seja, é plenamente possível ao investidor economizar uma parte de sua renda, destinando-a para o mercado de capitais, sem a necessidade de cortar de forma exagerada seus gastos com lazer e coisas que o deixem feliz.

POSFÁCIO

Felicidade com a Bolsa em alta, tristeza com a Bolsa em queda. Faz sentido?

Por Felipe Tadewald

Em períodos de queda da Bolsa ou de maior volatilidade, vejo muitas pessoas inquietas, insatisfeitas e ansiosas, pensando se realmente fizeram um bom negócio comprando ações, o que leva muitos a se arrependerem ou desistirem do mercado.

Percebo que a maioria das pessoas entra na Bolsa querendo ver o patrimônio crescer, crescer e crescer, e apenas isso. Eles querem comprar ações, para vê-las subirem cada vez mais e um dia ficarem "ricos", ou seja, com um patrimônio grande, e apenas isso.

Considero isso engraçado e sempre me pergunto: por que a maioria dos investidores entra no mercado de ações pensando unicamente na valorização dos ativos? Ou seja, se um ativo cai, ele é "ruim" e talvez seja a hora de desistir do mercado e, se sobe, então é uma empresa boa e o que está sendo feito está correto.

Será que é tão importante que as ações se valorizem? O investidor deve mesmo torcer para que suas ações subam sempre? É um motivo para se comemorar? O que fazer após o patrimônio valorizar um dia? Esse patrimônio pagará suas contas?

Quando comecei a investir em ações, lá em meados de 2009, também pensava assim. Queria sempre que as ações subissem e adorava ver o patrimônio crescendo. Era algo animador e me alegrava, ao passo que as quedas me deixavam ansioso e triste.

Depois de alguns anos, no entanto, após estabelecer a estratégia de acumulação de ações com foco no longo prazo, comecei a perceber que, com os ativos subindo e ficando mais caros, poderia comprar cada vez menos ações, e me sentia inclusive mais "pobre" por isso. Era paradoxal.

Outro ponto é que, conforme as ações subiam, menores eram os *Yields* dos papéis. Logo, menor seria também a renda gerada por dividendos por meio do capital aplicado, ou seja, mais tempo levaria para eu me "aposentar" e atingir a independência financeira.

Conforme fui investindo, aportando e estudando sobre o mercado, meu foco principal foi mudando e passei mesmo a ter o maior interesse no recebimento de dividendos e proventos por meio da estruturação de uma carteira previdenciária, para gerar uma renda complementar para o presente e para o futuro, o que também já fortalecia meus aportes naquele momento.

Dessa forma, comecei aos poucos a ver a queda com outros olhos. Peguei todos os anos de 2011 a 2015, nos quais a Bolsa praticamente só andou de lado e caiu (embora no início tenha me frustrado um pouco por ver a maioria dos meus ativos só desvalorizando ou parados), e o fato de poder comprar ações e fundos imobiliários com um *Dividend Yield* elevado e preços baixos – alta margem de segurança – me agradava e muito.

Fui percebendo que minha renda passiva estava crescendo de forma atrativa. Embora ainda fosse pequena, ela não parava de evoluir. 2015, o ano que foi um caos na Bolsa, em especial no final, foi uma época maravilhosa para se comprar ações e FIIs com altos dividendos. A minha renda passiva já representava quase

60% dos meus aportes. Na prática, estava ganhando mais que meio aporte de bônus.

Isso foi me dando a confiança de que estava no caminho certo. Afinal, com a renda crescente, um pouco mais próximo estava da independência e liberdade financeira a cada dia.

No momento em que este livro está sendo lançado, passado parcialmente o cenário tenebroso da crise, com muitos ativos mais caros novamente, vejo muitos comemorando que a Bolsa está subindo e estão "ganhando muito dinheiro", mas volto a me perguntar: qual o sentido de comemorar tanto a valorização, se você acabará comprando menos por mais, e ganhando menos dividendos? Ou seja, na verdade a alta pode estar te afastando da independência financeira.

Obviamente que, conforme as empresas lucram mais e crescem, as cotações tendem a evoluir também, e isso é positivo. Mas não devemos esperar que as ações subam em linha reta e nem torcer por isso, pois neste cenário vejo uma grande dificuldade de o investidor atingir a independência financeira um dia, sem falar que esse cenário praticamente inexiste.

Percebo muitos comemorando a alta apenas por estarem vendo as ações subirem e o patrimônio crescer, pouco se importando com os dividendos da empresa ou a saúde financeira do negócio.

Claro que também, para aqueles que pretendem ver o patrimônio crescer para um dia vender tudo, aplicar em renda fixa e viver com os juros da renda fixa – em torno de 2 a 3% acima da inflação geralmente –, essa estratégia pode fazer sentido. Mas aqueles que têm como foco viver de dividendos e rendimentos pagos pelos ativos deveriam comemorar quando as quedas ocorrem e aproveitar esses momentos, que são os melhores para irmos às compras.

Veja um exemplo: se uma empresa hoje paga R$ 1 por ação em dividendos ao ano e sua ação custa R$ 20, isso significa que ela tem um *Dividend Yield* de 5% ao ano.

Caso ocorra uma crise, e a cotação da ação cair profundamente e for para R$ 8, por exemplo, o *Yield* iria para 12,5%. Na prática, R$ 10 mil aplicados numa empresa com *Yield* de 12,5%, geram uma renda 150% maior que o mesmo valor aplicado num ativo que paga 5% ao ano.

Se a cotação cair para R$ 5 então, fica algo absurdo, pois o *Yield* seria de 20% ao ano – um patamar extremamente elevado.

Já telefonei algumas vezes para o megainvestidor Luiz Barsi em momentos de queda e em momentos de alta e, conforme conversávamos, adivinhem, ele sempre se mostrava muito mais animado e feliz quando as ações estavam em queda, ao passo que se mostrava desanimado com as ações em alta, mesmo com o patrimônio se valorizando. Muitos não entendem isso, não é mesmo?

Barsi enxerga as coisas dessa forma, pois sabe que, quando as ações caem muito, ele pode acumular muitas ações por menos dinheiro e consequentemente receber muito mais dividendos. E como Barsi é o rei dos dividendos e sempre teve o foco na geração de renda passiva, ele sabe que os momentos de quedas são os melhores para se comprar ações.

No meu caso, só passei a navegar de forma tranquila nesses mares revoltos da Bolsa de Valores quando comecei a focar nos dividendos e na renda passiva, olhando menos para o patrimônio. Afinal de contas, não é o patrimônio que pagará minhas despesas no futuro, e sim os dividendos que receberei.

Acredito que todo mundo que se sente desconfortável com as oscilações do mercado, ou mesmo não sabe muito bem o que quer do mercado, deveria focar mais no recebimento dos dividendos e olhar menos para o patrimônio.

O crescimento do patrimônio é uma consequência natural de boas escolhas realizadas, de empresas saudáveis, bons fundos imobiliários e do próprio reinvestimento de dividendos.

GLOSSÁRIO

Os principais termos e siglas adotados no vocabulário do mercado financeiro no Brasil

Ação ordinária (ON): ação que permite ao acionista participar das assembleias das empresas com capital aberto e votar nos temas propostos.

Ação preferencial (PN): ação sem direito a voto por parte do acionista, que, no entanto, tem a garantia de receber os dividendos estatutários ou outro benefício de acordo com a Lei das S/A ou com o estatuto da companhia.

Análise fundamentalista: forma de investir no mercado de ações que prioriza o retorno de longo prazo, proveniente dos lucros da atividade empresarial.

Análise gráfica: método para analisar o comportamento das ações no mercado tentando antecipar tendências por meio de movimentos identificados em gráficos que expressam a evolução das cotações.

Análise técnica: vide "Análise gráfica".

Ativos: todos os bens pertencentes a uma empresa, incluindo aplicações financeiras, imóveis, máquinas e equipamentos, veículos, participações em outras empresas e reservas de valor.

Balanço patrimonial: documento contábil que aponta tanto os bens como as dívidas de uma empresa, compreendidos como seus ativos e passivos.

BDR: sigla em inglês para *"Brazilian Depositary Receipts"*. São classes de valores mobiliários negociados no mercado brasileiro com lastros oriundos de ações estrangeiras. Investir em BDRs é uma forma de diversificar investimentos sem abrir contas em corretoras de outros países.

Blue Chips: expressão oriunda dos cassinos, onde as fichas azuis possuem maior valor. Nas Bolsas, equivalem às ações com maior volume de transações.

Bonificação: evento puramente contábil, no qual as empresas distribuem novas ações sem custo para os acionistas, conforme as quantidades de ações que eles já possuem. A cotação é ajustada na proporção inversa.

Cap Rate: abreviatura de *"Capitalization Rate"* (Taxa de Capitalização). É o retorno anualizado atribuído no momento da compra de um ativo imobiliário. Esta taxa é calculada multiplicando o aluguel pago por 12. Na sequência, divide-se pelo valor pago pela propriedade. Para se chegar à taxa final, multiplica-se por 100.

***Capex*:** sigla da expressão inglesa *"Capital Expenditure"*, que compreende a quantidade de recursos financeiros alocados para a compra de bens de capital de uma determinada companhia, com o objetivo de manter ou até expandir o escopo das suas operações.

Capital: recurso financeiro expresso em moeda corrente. Empresas de capital aberto permitem que o público compre ações por meio do mercado de capitais. O capital de giro equivale ao dinheiro que a empresa coloca em movimento.

Circuit Breaker: mecanismo automatizado que interrompe os negócios nas Bolsas de Valores sempre que os índices de referência sobem ou descem abruptamente em níveis elevados (por exemplo, 10%).

Cotação: preço da ação determinado pelas forças do mercado.

Crash: situação de desvalorização geral e acentuada das ações, responsável pela quebra de vários agentes especuladores ou investidores.

Day Trade: operação especulativa de compra e venda de ativo listado na Bolsa, realizada na mesma data.

Debênture: título emitido por empresas para captar recursos no mercado de capitais, com prazos e créditos determinados, sem que seus detentores se configurem como sócios delas.

Desdobramento: vide "Bonificação".

Dívida Bruta/Patrimônio Líquido: indicador fundamentalista que expressa o grau de alavancagem (endividamento) de uma empresa.

Dividendo: parte dos lucros auferidos pelas empresas que será repartida com seus acionistas proporcionalmente à quantidade de ações que possuem.

Dividend Yield: indicador fundamentalista que representa em porcentagem a remuneração da ação dividida pela sua cotação, no prazo de 365 dias anteriores à cotação da ação. Por exemplo: no último ano a empresa distribuiu, entre dividendos e JCP, R$ 0,10 por ação. Se a ação está cotada em R$ 1,00, o *Dividend Yield* equivale a 10%.

DRE: sigla para "Demonstração do Resultado do Exercício", documento que informa, em relação a determinado período, se uma companhia obteve lucro ou prejuízo.

EBITDA: sigla em inglês para "*Earnings Before Interests, Taxes, Depreciation and Amortizations*", que, na sua tradução literal, significa Lucro Antes dos Juros, Impostos, Depreciação e Amortização. Tal indicador fundamentalista também pode ser chamado de LAJIDA.

ETF: sigla para "*Exchange Traded Funds*", que em português soaria como FNB ou "Fundos Negociados em Bolsa". Tais fundos relacionados aos índices, como o Ibovespa, são negociados como ações.

FIIs: sigla para "Fundos de Investimento Imobiliário".

Fluxo de caixa: valor financeiro líquido de capital e seus equivalentes monetários que são transacionados – entrada e saída – por um negócio em um determinado período de tempo.

Futuro: tipo de negociação com prazos e condições pré-determinados, visando à garantia de preços mínimos e protegidos da volatilidade do mercado.

Hedge: operação financeira que busca a mitigação de riscos relacionados com as variações excessivas de preços dos ativos disponíveis no mercado.

JCP (JSCP): sigla para "Juros Sobre Capital Próprio" – uma forma alternativa aos dividendos para as empresas remunerarem seus acionistas, com retenção de impostos na fonte, reduzindo a carga tributária das empresas de forma legal.

Joint-venture: aliança entre empresas com vistas a empreendimentos ou projetos específicos de grande porte.

Liquidez corrente: indicador fundamentalista que expressa a relação entre o ativo circulante e o passivo circulante, demonstrando a capacidade da empresa de honrar compromissos no curto prazo.

Long Short (ou Long & Short): estratégia na qual o investidor mantém, simultaneamente, uma posição comprada em um papel e uma posição vendida em outro, com o objetivo de lucrar com a diferença na variação de preços entre os dois ativos, que precisam ser relacionados. O termo também pode ser compreendido como uma operação de arbitragem.

Lote: no mercado financeiro brasileiro, o lote equivale a 100 ações como quantidade mínima ideal para compra e venda na Bolsa. Quando um lote é quebrado, as ações são negociadas no mercado fracionário, caso em que algumas corretoras de valores cobram taxas diferenciadas.

LPA: indicador fundamentalista que expressa o Lucro Por Ação.

Margem bruta: indicador fundamentalista que expressa o lucro bruto dividido pela receita líquida.

Margem líquida: indicador fundamentalista que expressa a relação entre o lucro líquido e a receita líquida.

Minoritários: investidores que adquirem ações em quantidades relativamente baixas, que impedem a sua participação na gestão das empresas.

Opção (OPC ou OTC): tipo de negociação que garante direito futuro de opção de compra ou de venda com preço pré-determinado.

Ordem: determinação de compra ou venda de ativo no mercado de capitais, que o aplicador comunica à sua corretora de valores para execução.

P/Ativos: indicador fundamentalista que expressa a relação entre o Preço da ação e os Ativos totais por ação.

P/Capital de Giro: indicador fundamentalista que expressa a relação entre o Preço da ação e o Capital de Giro por ação, que por sua vez significa a diferença entre o ativo circulante e o passivo circulante da empresa.

P/VP: indicador fundamentalista que expressa a relação entre o Preço da ação e o Valor Patrimonial da ação.

Papel: equivalente a ação (termo que fazia mais sentido quando as ações eram impressas e entregues ao portador).

Passivos: componentes contábeis das empresas, que representam seus compromissos, obrigações, dívidas e despesas circulantes e não circulantes, como salários de funcionários, empréstimos, tributos, dívidas com fornecedores.

Patrimônio líquido: valor financeiro resultante da diferença entre os ativos e os passivos de uma empresa.

Payout: porcentagem do lucro líquido distribuído, na forma de dividendos ou juros sobre capital próprio, aos acionistas da empresa.

PL (P/L): indicador fundamentalista para a relação entre Preço e Lucro, representando a cotação da ação no mercado dividida pelo seu lucro por ação.

Posição: situação do acionista em determinada empresa, fundo imobiliário ou ativo correlato. Quando um investidor zera a sua posição numa empresa ou num fundo imobiliário, por exemplo, significa que ele vendeu todas as suas ações ou cotas.

Pregão: período de negociações na Bolsa de Valores com negócios realizados eletronicamente. Antigamente, os pregões eram presenciais.

PSR: indicador fundamentalista cuja sigla em inglês indica *"Price Sales Ratio"* e equivale ao preço da ação dividido pela receita líquida por ação.

Realizar lucros: vender ações para converter as valorizações em capital disponível para outros fins.

***Release*:** é um comunicado emitido pelas empresas, para dar destaque a informações não financeiras importantes para o melhor entendimento das demonstrações financeiras. Não é um documento de divulgação obrigatória.

Resistência: valor historicamente mais alto atingido pela cotação de determinada ação.

ROE: sigla em inglês para *"Return On Equity"*. Também é conhecido no Brasil como "RPL", ou seja, "Retorno sobre o Patrimônio Líquido". Essa métrica indica o quanto uma empresa é rentável, mostrando o lucro líquido dividido pelo seu patrimônio líquido.

ROIC: sigla em inglês para *"Return On Invested Capital"*, que em português significa "Retorno Sobre o Capital Investido", ou seja, o capital próprio da empresa somado ao capital de terceiros.

SA (S/A): sigla para "Sociedade Anônima", comum nas razões sociais das empresas de capital aberto.

Short Selling: venda a descoberto. Estratégia de especulação conduzida por quem aluga um ativo ou derivativo para vender no mercado, na expectativa de queda das cotações para recompra futura com lucro.

Small Caps: empresas de porte menor se comparadas com as *Blue Chips*, com baixo volume diário de negociações e pouca liquidez no mercado.

Stop Loss: ordem de venda automatizada de uma ação, pré-determinada pelo aplicador junto à corretora de valores, para evitar perdas com quedas excessivas das cotações.

Stop Gain: ordem de venda automatizada de uma ação, pré-determinada pelo aplicador junto à corretora de valores, para realizar lucros.

Subscrição: situação que ocorre quando as empresas oferecem novas ações preferencialmente para seus acionistas. O mesmo se aplica aos fundos imobiliários em relação aos seus cotistas.

Swing Trade: operação especulativa de compra e venda de ativo listado na Bolsa, realizada em prazos curtos, que variam de três dias até algumas semanas.

Tag Along: mecanismo de proteção concedido aos acionistas minoritários por um empreendimento que possui suas ações negociadas na Bolsa de Valores, caso ocorra um processo de venda do controle para terceiros, por parte dos acionistas majoritários.

Termo: tipo de negócio realizado com pagamento a prazo.

Ticker: código pelo qual os ativos são negociados em Bolsas de Valores. Por exemplo, TIET3 é o código da ação ordinária da Geradora Tietê. TIET4 é o código da ação preferencial da mesma empresa e TIET11 é o código das suas *Units*. Já o BDR do Google usa o código GOOG35.

Underwrite: ato do investidor de subscrever ações ofertadas pelas empresas.

Units: ativos compostos por mais de uma classe de valores mobiliários, como, por exemplo, um conjunto de ações ordinárias e preferenciais.

Upside: potencial de valorização de uma ação.

Valuation: conjunto de ponderações técnicas e subjetivas para avaliar uma empresa ou fundo imobiliário, visando encontrar o valor justo de suas ações ou cotas, bem como seu potencial de retorno para investidores.

VPA: indicador fundamentalista que expressa o Valor Patrimonial por Ação, ou seja: o valor do patrimônio líquido dividido pelo número total de ações.

Envie seus comentários construtivos via *e-mail*:
contato@sunoresearch.com.br

Leia também:
Guia Suno Dividendos

Guia Suno de Contabilidade para Investidores

Guia Suno Fundos Imobiliários

Projeto editorial da Suno Research
Projeto Guias Suno: Tiago Reis
Coordenação: Alexandre Costa e Silva
Editor: Fabio Humberg
Editor associado: Jean Tosetto
Capa: João Vitor Chaves Silva
Diagramação: Alejandro Uribe
Revisão: Humberto Grenes

Dados Internacionais de Catalogação na Publicação (CIP)
(Câmara Brasileira do Livro, SP, Brasil)

> Reis, Tiago
>   101 perguntas e respostas para investidores iniciantes / Tiago Reis & Felipe Tadewald. -- São Paulo : Editora CLA Cultural, 2020.
>
>   ISBN 978-65-5012-022-1
>
>   1. Ações (Finanças) 2. Administração financeira 3. Bolsa de valores 4. Investimentos 5. Mercado de capitais 6. Perguntas e respostas I. Tadewald, Felipe. II. Título.
>
> 20-33450   CDD-332.63228

Índices para catálogo sistemático:

1. Investidores iniciantes : Perguntas e respostas : Economia financeira 332.63228

(Maria Alice Ferreira - Bibliotecária - CRB-8/7964)

Editora CL-A Cultural Ltda.
Tel.: (11) 3766-9015
editoracla@editoracla.com.br
www.editoracla.com.br